稲田の区画は大なるを要せず

今から2,400年前,わが国へ稲作農耕が伝わった。そのふる里は中国・長江中下流域にあり,そこから朝鮮半島西南部を経由して入ってきた。伝わった当初から,稲作技術は高度に達したものであり,選地や水田造成法にもそのことがよくうかがえる。中国前漢代の農書である『氾勝之書』に表題のような文章があって,水田区画は大きくすると湛水調節がしにくいので,小さく区切るのが良いとする知識が大陸には行きわたっていた。このような知識もともに入ってきたのだろう。このような小区画の水田は,北部九州地方から東北地方に至るまでの各地に普及していった。

等高線にそって並んだ小区画の水田（Ⅰ期）
兵庫県美乃利遺跡（兵庫県教育委員会埋蔵文化財調査事務所提供）

東北地方へも伝わった
小区画の水田（Ⅳ期）
宮城県富沢遺跡第28次調査
（仙台市教育委員会提供）

田植のはじまり

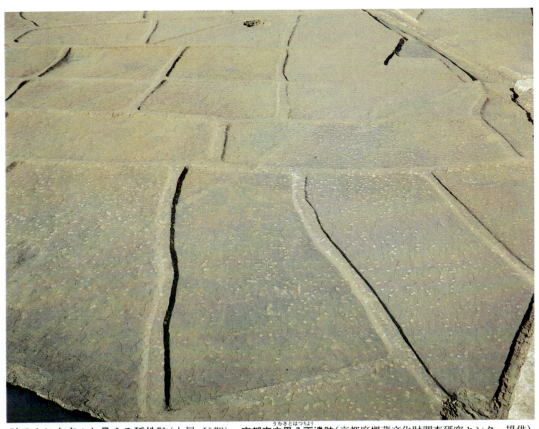

畦の上にも点々と見える稲株跡（上層 Ⅴ期）　京都府内里八丁遺跡（京都府埋蔵文化財調査研究センター提供）

天明3年（1783）の浅間山の噴火にともなう泥流で埋没した稲株
群馬県中村久保田遺跡
（渋川市教育委員会提供）

倒れた稲株の断面
（稲の茎，葉が赤くみえる）
群馬県中村久保田遺跡

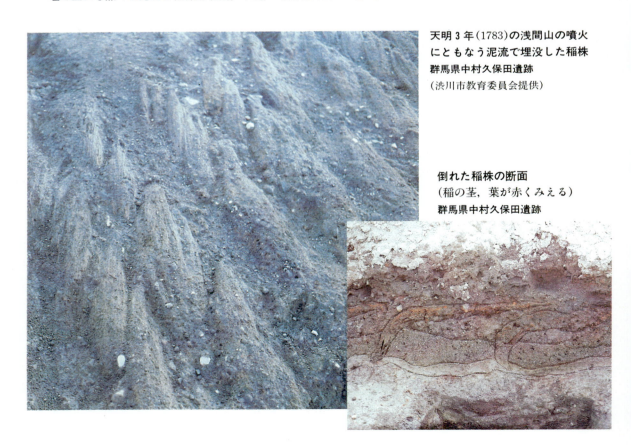

稲株跡が見つかった水田（Ⅴ期）
大阪府上田町遺跡（松原市教育委員会提供）

同稲株跡

従来は田植，すなわち移植栽培は高度な技術であるから，弥生時代にはとても田植はおこなわれていなかったと多くの人々は考えてきた。ただ，登呂遺跡などで出土した大足の存在から，それが田植前の田ごしらえ用の道具であるという見方から，田植がおこなわれていたとする考えも一部にあった。発掘調査で田植の事実を証明することは大変難しいと思われてきた。ところが岡山市百間川原尾島遺跡の水田遺構で，密集した稲の株跡が見つかり，その配列に規則性がみられることから，7人が横へ並んで，後ずさりしながら，早苗を植え付けていったらしいという見方が有力視されるようになった。
その後，いくつかの遺跡で，同様な稲株痕が見つかるようになってきたが，特に規則性はみられず，田植の方法にも違ったやり方があったらしい。
稲は田植えをして，生えてくる雑草との間にハンディーをつけてやらないと，雑草の勢いに負けてしまうから，どうしても田植えは必要なのだ，と農学者はいう。

同稲株断面

谷を拓いた稲田

これまで弥生時代もⅡ〜Ⅲ期に入ると，着実な農業生産力の発展により人口増をまねき，人々は可耕地を求めて山間部の開拓に進出していったと説かれてきた。しかし，実際にそのような谷あいの水田跡が見つかることはまずなかった。ところが1987年に，いわき市の番匠地遺跡で，両側の山々との比高差が40m近くある谷底（幅約30〜40m）に弥生Ⅳ期の水田跡が偶然にもみつかった。谷開発の全体像は不明であるが，今後，同様な地形のところへも，われわれの調査の目をむける必要があることを教えてくれた。

山に囲まれた谷水田（Ⅳ期）
福島県番匠地遺跡（西から）
（いわき市教育委員会提供）

番匠地遺跡（右側にみえる現在の水田区画も参考になるだろう）（いわき市教育委員会提供）

季刊 考古学 第37号

特集　稲作農耕と弥生文化

◉口絵(カラー)　稲田の区画は大なるを要せず
　　　　　　　田植のはじまり
　　　　　　　谷を拓いた稲田
　(モノクロ)　弥生水田の風景
　　　　　　　農耕儀礼の成立
　　　　　　　農具さまざま
　　　　　　　稲をさかのぼる

稲作農耕のはじまり─────────────工楽善通 *(14)*

稲作の発展とふる里

　稲作の初現─────────────────山崎純男 *(17)*

　稲と稲作の波及───────────中山誠二・外山秀一 *(23)*

　弥生農耕の展開────────────────甲元眞之 *(29)*

　稲作と畑作─────────────────能登　健 *(36)*

　稲の来た道─────────────────高倉洋彰 *(40)*

稲作の道具とまつり

　農具の変遷(鍬と鋤)───────────────上原真人 *(46)*

　農具の変遷(収穫と脱穀の道具)────────────合田茂伸 *(53)*

　弥生時代の農耕儀礼──────────────設楽博己 *(59)*

稲作と周辺科学
　　土地を選ぶ水田──────────────高橋　学 (65)
　　古代イネの復元とDNA解析──────佐藤洋一郎・中村郁郎 (70)
　　東アジアから見た日本の初期稲作─────高谷好一 (76)
　　東アジア出土新石器時代穀物の年代的分布───松村真紀子 (33)
　　大阪府立弥生文化博物館────────────広瀬和雄 (80)

最近の発掘から
　　弥生時代の大規模水田──大阪府池島・福万寺遺跡──江浦　洋 (85)
　　中部高地の水田遺跡──長野県川田条里遺跡─────河西克造 (87)

連載講座 縄紋時代史
　　11. 縄紋人の生業(3)────────────林　謙作 (90)

書評────────────────(98)
論文展望──────────────(102)
報告書・会誌・単行本新刊一覧────(104)
考古学界ニュース─────────(108)

表紙デザイン・カット／サンクリエイト

弥生水田の風景

わが国の稲作のふるさとである中国には、漢代の明器に焼物製の水田や石を削って作った水田の模型がある。これらに表現された水田の実際の大きさは不明であるが、それはどうやら田の字形や不定形で小さく区画されているようにみえる。脇の池では魚や水鳥を飼っており、わが国でもそのようなことがおこなわれていたかもしれない。弥生文化博物館の水田模型は、2,000年前当時のごく一般的な農村風景で、クワやスキ、エブリを使って田植前の田ごしらえをしている。服装を少し違えれば、つい最近までの農村風景でもあった。

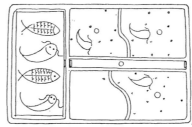

陶製の水田模型平面（四川省彭山県出土）

石製の水田模型（四川省峨眉県出土）

除草と耕作を表わした画像磚（四川省新都県出土）

陶製のため池模型（四川省成都市出土）

田植をひかえての田ごしらえ（模型）（大阪府立弥生文化博物館提供）

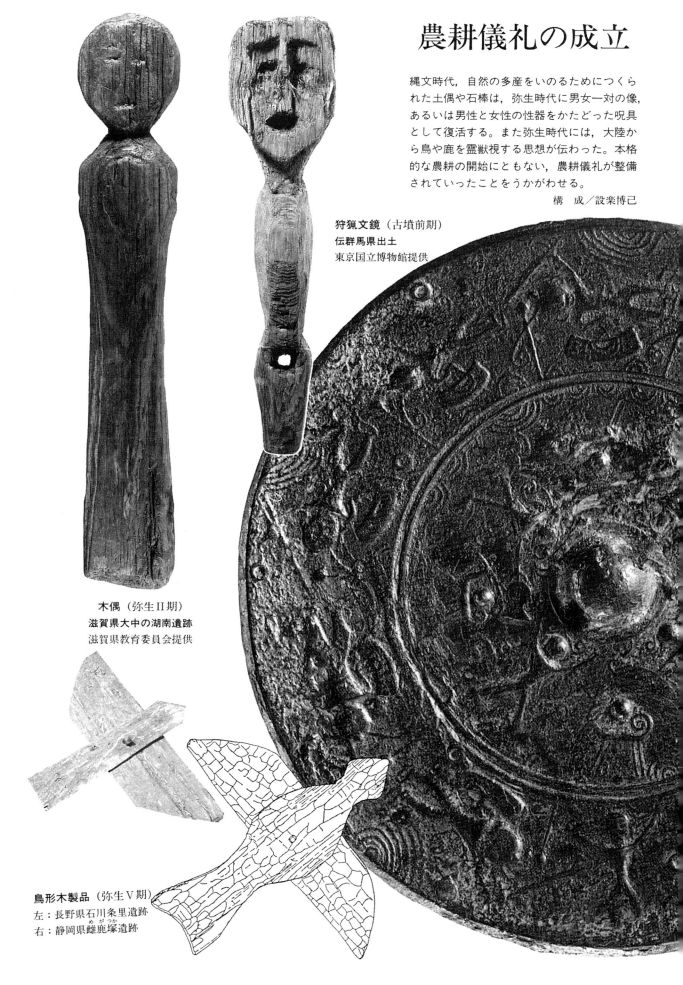

農耕儀礼の成立

縄文時代，自然の多産をいのるためにつくられた土偶や石棒は，弥生時代に男女一対の像，あるいは男性と女性の性器をかたどった呪具として復活する。また弥生時代には，大陸から鳥や鹿を霊獣視する思想が伝わった。本格的な農耕の開始にともない，農耕儀礼が整備されていったことをうかがわせる。

構成／設楽博己

狩猟文鏡（古墳前期）
伝群馬県出土
東京国立博物館提供

木偶（弥生Ⅱ期）
滋賀県大中の湖南遺跡
滋賀県教育委員会提供

鳥形木製品（弥生Ⅴ期）
左：長野県石川条里遺跡
右：静岡県雌鹿塚遺跡

農具さまざま

九州・四国から本州島の北端まで，大局的にみれば各種の弥生木製農具は共通しているとも言えるが，Ⅴ期になると細部ではずい分地方差が目立ってくる。昔から「鍬は国々にて三里を隔ずして違ふものなり」といわれるゆえんだ。

松原内湖の平鍬は複数の部材を組合せた柄に特徴があり，九州型直柄平鍬と呼ばれている。近畿地方の直柄平鍬は，弥生Ⅰ期から古墳時代に至るまで円形柄孔が一般的である。これに対し，九州地方ではⅢ期頃から方形柄孔の直柄鍬が一般化し，近畿地方にもその影響が若干及んでいる。最近では関東地方でも弥生農具がまとまって出土することが多くなり，その比較研究が大いに進むことだろう。

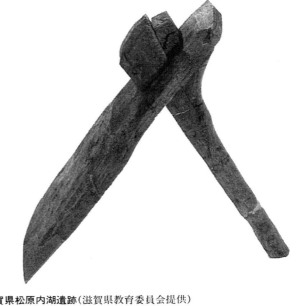

九州型の直柄平鍬（なおえ）（Ⅴ期）　滋賀県松原内湖遺跡（滋賀県教育委員会提供）

左から長柄平鍬，同，膝柄（ひざえ）弓鍬未成品，膝柄弓鍬，膝柄二又鍬

木製農具（Ⅴ期）　千葉県国府（こうせき）関遺跡（長生郡市文化財センター提供）

稲をさかのぼる

在来品種における籾の変異
（日本の在来品種には芒(のげ)をもつものが多いことも特徴である）
（上から秋田・長野の在来品種とコシヒカリ。いずれも温帯ジャポニカ）

近代的な育種によって育成された少数の品種が日本中の水田をほぼ占領してしまう以前には，日本にも籾の大きさに写真のようなバラツキが保たれていた。弥生時代では，一つの水田のなかにもこのようなバラツキがあったのではないかと思われる。

最近の研究で，出土した古代米から遺伝子――DNA を取り出せる見通しがついた。このことから，現代から過去へさかのぼって昔の稲を復元し，実際に水田で弥生米を再現して，いずれこの米をこうじとした酒が試飲できる日がおとずれることだろう。　　　構　成／佐藤洋一郎

明治末年の民家（熊野市）の壁土から出土した赤米
（遺伝子を調べた結果，ジャポニカと判明）（九鬼清水氏提供）

中国・河姆渡遺跡出土の栽培種とみられる炭化米
（浙江省博物館・中国水稲研究所との共同研究による）

実験田で栽培した熱帯ジャポニカ
（手前の温帯ジャポニカよりもずっと大型）

季刊 考古学

特集

稲作農耕と弥生文化

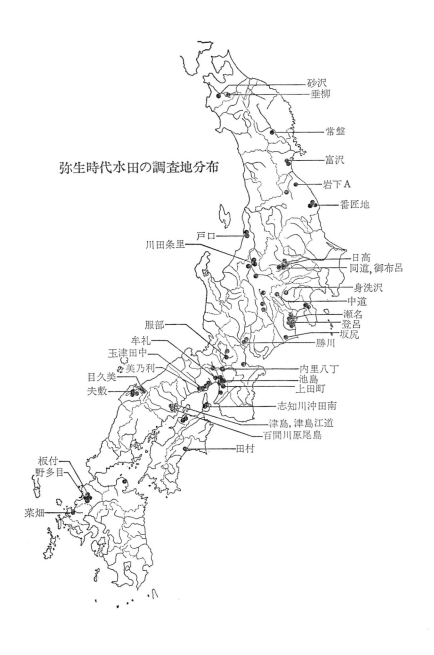

弥生時代水田の調査地分布

特集 ● 稲作農耕と弥生文化

稲作農耕のはじまり

奈良国立文化財研究所 **工楽善通**
（くらく・よしゆき）

夏に緑一色，秋には黄金色で塗りつぶされる水田は，日本の風景を代表するもの。2400年前にはじまり，その技術水準は高かった

　いまの日本では，国土面積の9％が水田であり，畑地6.5％，牧草地0.5％で，計16％余が農耕地として利用されている。そして，65％近くが森林だそうだが，これらの数字はいつまで顕在であろうか。この国土に1億2,000万人余の人々が住みついている。農業形態の中味が違うが，ヨーロッパの主要国では，国土の30〜50％を農地が占めているという数字が出ている。

　わが国の場合，国土面積 37万km² に照らし合わせてみると，人口1人当りの耕地面積は0.06haであり，同じ島国のイギリスと比較してみると，人口1人当り 0.34ha をもち，日本の6倍以上の耕地面積を有していることになる。わが国では，耕地面積に比べて，著しく過密な人口をかかえているということがいえる。このことは，小規模な土地所有による集約的農業という，わが国独特の農業形態を長い歴史のなかで築きあげてきた結果定着したものだといえる。人口が100万人近かったと考えられている弥生時代は，まさにこの日本的集約型農業の基本ができあがりつつあった時であるといえる。

1　新しい技術の伝来

　数万年続いてきた石器時代につづいて，今から2,400年前，大陸との盛んな往来がはじまった結果，これまでになかった新しい技術や文物が次々に伝わることとなった。そのもっとも大きな出来事は稲作農耕をおこない，鉄や青銅の利器を使いこなすことであった。

　稲作の開始は，人自らが食料を「生産」し，秋に収穫して保存のきく食料をある程度備蓄することが可能となった。われわれ日本人の主食の根幹をなす米食生活が，このときに築かれ始めたのである。

　鉄は鉇や刀子，のみ，斧などが，まず，道具を作るための道具として使われ始め，木材加工が精巧かつ迅速におこなわれるようになった。これにはまた，各種の大陸系磨製石器の威力も加担したに違いない。常緑のカシ材を主とした強靭な各種の木製農具が普及した。また，一方では，水田や水路造成に必要な杭や矢板の製作にも重宝した。一部には，土木開墾用具の先端に鉄刃がはめられていたらしいことも考えられる。

　このほか，糸を紡いで布を織る紡織の技術や，桑の木を育てて養蚕をおこない，絹織物を作る技術，そして，ガラスを鋳造する技術なども伝わった。

　いまのところ，わが国に入ってきた稲作を始めとするこのような技術大系は，中国揚子江中・下流域に源流が求められるものである。今から7,000〜8,000年前の新石器文化の一部が徐々に北上して華中に至り，山東半島から海を経て遼東半島または朝鮮半島西海岸に達して，さらに南下して半島南部から北部九州へ伝わったとする考え方が最も有力である。そして，稲作農耕にともなうあらゆる文物や習俗・知識が，先I期以降，次々と断続的に入ってきたのである。北部九州を中心とした地域で出土する石器をはじめとしたそれらの文物のふるさとを求めてみると，その道程がたどれるのである。

2 本格化した稲作

1970年代の中頃以降から，稲生産の場である水田遺構が，各地で発掘調査されるようになってきた。弥生時代の遺跡に限ってみても，その数は，1988年発行の『弥生文化の研究』2生業の巻（雄山閣刊）に収録した50カ所の2倍を越し，恐らく100カ所に下らないであろう。

これらの水田遺構の発掘成果は，従来ではほとんど具体的に知ることのできなかった，わが国における稲作開始期の農業経営の様子を，土地造成や開田技行，灌漑法や水田区画法，また，農具と耕作・収穫法，さらに稲作儀礼や習俗など，あらゆる点からの考察に幾多の解答を提示してきた。

そのなかでも第1の成果は，唐津市菜畑遺跡や福岡市板付遺跡で明らかになったように，わが国での稲作のはじまりが，弥生時代の前期に先んじて，これまで縄文時代の晩期中頃から後半にかけての頃と考えていた時（弥生時代早期）にさかのぼるという事実である。しかも，その水田の選地が，自然にできた低湿地を利用するという粗放なものではなく，給・排水を考慮して微高地周辺の緩傾斜地を造成するという高度な灌漑技術が生かされており，水準の高い農耕であったことがうかがえる。この段階の木製農具はいまのところ，諸手鍬とえぶりしかみつかっていないが，広鍬，狭鍬，馬鍬，それに鋤なども加わって，すでに豊富なものであっただろうということは充分推測できる。最近では，この早期（先I期）の稲作農耕は，瀬戸内海沿岸部を経由して，大阪湾沿岸のいくつかの村にも早ばやと伝わり，その跡を見出すことができる。一部は日本海側（松江市）へも伝播している。

水田遺構発掘の第2の成果は，北部九州へ伝わったこのような稲作技術が，100年も経過しないI期中頃すぎには津軽平野にまで達したという事実である。従来の考えでは，稲は熱帯性の植物だから，そう簡単に北の地方へは伝わらなかっただろうと思われてきた。しかし，予想に反して早い速度で北上していったのである。仙台市富沢遺跡や青森県垂柳遺跡を見る限り，III～IV期頃には，西日本の農村と変わらないくらいの水田経営がおこなわれていたとみられるようである。前者の遺跡ではいく種類かの木製農具が出土しており，後者の遺跡では，農具はほんの断片しかないが，関

東，西日本とも大差はない。しかし，一方では，日常使う土器のほとんどは，極めて縄文土器の伝統を色濃く残したものであり，また，石器の組成も縄文時代と変わるところがないとされている。保守的な葬制もまたそうで，近畿地方で一般的な方形周溝墓は，関東地方へはIII期に，東北地方中部へはV期を過ぎた4世紀にやっと伝わるという情況である。畑作地帯が多かったであろうと推察できる東日本では，米食に加えてヒエ，アワなどの雑穀類をも多く食していたことは充分考えられるが，米への指向は常に強かったと言える。

本州島の北端に至る稲作農耕の伝播経路に関しては，I期段階に西日本で普遍的に分布するようになった遠賀川式土器の系譜を引き，それと共通する特徴をもった遠賀川系土器群が，津軽までの日本海沿岸部に点在する遺跡から出土することによって，いち早く，日本海の海路を媒体として伝わったとみてよい。

また一方で，大阪湾沿岸部から近畿地方中心部で定着した稲作は，すぐさま尾張平野へと伝わり，ここを一大拠点として，一路は中部高地の谷をぬけ，北関東地方を通過して陸路で東北地方へ達した。他の一路は，太平洋沿いに南関東へ至り，そこから陸路で北上していったらしい。ここ数年来の成果で，この遠賀川系土器の分布と，それを伝えた人々の足どりをたどってみることによってわかってきたことである。

3 水田経営の実際

わが国に入ってきた稲作農耕が，その当初から技術的に水準の高いものであったことは，本書の山崎純男論文にも述べられている。

少々の手を加えることによって，より生産性の向上が見込める土地を選び，土地に適応した開田造成を早くからおこなっていることがうかがえる。板付遺跡の完備した灌漑施設は，そのことをよく物語っており，ここでは1枚が300m²以上の面積を占める水田が見つかっている。同じ早期の岡山市津島江道遺跡の水田は10m²前後という狭い区画の水田が碁盤目状に整然と並んだものである。ここから約1km南西へ隔った津島遺跡のかつての発掘調査で検出したI期前半の水田は住居跡のある微高地が低湿地に移行するその狭い範囲の斜面に，湿地との境界に杭を打ち込んで境とした約200m²未満の範囲に水田土壌が確認され

た。この水田は先の2遺跡と違って，極めて零細な湿田経営だったといえる。わが国の稲作ははじめから，多様な水田経営がスタートしていたのである。津島江道遺跡にみられる小区画の水田はその後，弥生時代・古墳時代を通じて，本州島の北端に至るまで大同小異でほぼ共通して認められる。小区画にせざるをえない共通した理由があったのである。水田を造るには一筆内の水深は均一でなければならない。広い範囲を一度に平らにするのは大変な労力がいることになる。そこで，傾斜地を利用して造成する場合には，一定範囲を区切って一筆ごとに段差をつけながら均平に地ならしすることになる。したがって，傾斜の緩やかなところでは広い区画でよく，急なところでは狭い区画でなければならない。しかし実際には，それほど傾斜のないほとんど平坦に近いところであっても 10m² 前後から20m² という小区画の水田形態をとる場合が多い。

水田区画の大小が決まるもうひとつの要因に，耕作土またはその直下に堆積する土壌条件の良否があげられる。これは田の保水性が維持できるか否かで，下層への漏水の多少に左右されることになる。この場合も灌漑効率を高めるためには，水田区画を小さくするのが得策だという計算上での回答がでている。

4　米作りの生活と祭り

弥生人の中心的な生業として稲作が生活の中に定着してくると，その農業を軸として田ごしらえから田植，草取り，収穫など実際の農作業があわただしくやって来る。また，それに加えて，四季折々の祭りや各種の習俗が生活のリズムの中に組み込まれていった。春になると豊作祈願の祭り，田植の時には水口祭り，夏には虫送りや雨乞い祈願の祭り，秋には収穫祭，冬には豊饒を祈る予祝祭などが季節の境目に村々で催された。

いま，日本の稲作は苗代で苗を育ててから，それを本田に移し替える「田植」という方法がとられている。このような田植による稲作は，弥生時代にすでにはじまっていたらしい。これは発掘調査で明らかとなった水田の表面に，規則的に並んだ稲株跡が明瞭に残っていたことから確認された。しかし，他のいくつかの水田に残っていた稲株跡は，必ずしも列をなして並んだものではなく，いくつかの移植法があったのかもしれない。

火山灰で埋もれた群馬県黒井峯の6世紀の集落内にあった畑では，陸苗代の遺構とみられる畝列がみつかり，この段階での田植は確実だという。

中国や朝鮮半島北部の新石器時代農業には，牛やブタ・イヌなど何種類かの食用家畜を飼育することがはじまっている。ところが，わが国へ稲作が伝来する際には家畜飼育の風習は伝わっていない。これを欠畜農業であるとか非畜産農業と呼び，弥生稲作の，いや近世に至るまでの日本農業（南西諸島を除く）の大きな特徴としてきた。

弥生遺跡で発見され，これまでイノシシと判定してきた骨の中に歯槽膿漏を患ったブタの骨が見出されるようになり，最近では稲作とともにブタの飼育がはじまっていたと考えられるようになってきた。ブタは食用としてのみだけでなく，農耕儀礼にも必要で，稲作に必要不可欠の動物として入ってきたのだろう。弥生時代にはニワトリもいたが，食用ではなく，「時告げ鳥」の役目を果たしていた。

まわりを海で囲まれたわが国では哺乳動物の飼育よりも，ずっと後の時代まで，海の幸が動物性蛋白源の中で大きな比重を占めていたことは確かである。

弥生時代の時期区分に関しては，従来，大別すると前・中・後期の3期にわけてきた。さらに細別する場合には，各地の土器様式の変化に対応させて，I～V期とした（例えば北九州第I様式土器，または畿内第I様式土器をI期とする）。そして，前期＝I期，中期＝II～IV期，後期＝V期にあてている。

いまでは，稲作の開始期が前期よりも遡った「菜畑曲り田段階」（突帯文土器段階）に認められることから，この段階を早期とし，また，これを先I期と呼んで6期に細別する案が多く用いられている。しかし，縄文文化の伝統を重要視する研究者は，突帯文土器段階までを縄文時代に含めて区分している。

本書は基本的には上記の4期大別，または6期の細別案に従っているが，各執筆者の意向により，稲作開始期をさらに微視的にみるために，土器型式名で細分した高倉，山崎論文や，独自の暫定細別を試みた中山・外山論文もある。

特集● 稲作農耕と弥生文化

稲作の発展とふる里

日本の稲作はどのように始まり，どう展開していっただろうか。また大陸からはどのような経路で日本にもたらされただろうか

稲作の初現／稲と稲作の波及／弥生農耕の展開／稲作と畑作／稲の来た道

稲作の初現
―北部九州の稲作農耕―

福岡市教育委員会
山崎 純男
（やまさき・すみお）

北部九州にもたらされた初期稲作農耕は水稲農耕であったのは間違いなく，当初から完成された農業技術体系のもとに開始された

　日本列島に稲作農耕が伝来してくるルートとして，大別，次の三ルートが想定されている。長江下流域とその南部の地域である江南地方を出発点としていることは，ほぼ諸氏の認めるところである。①は，その出発点から沿岸部を北上し，山東半島ぞいに朝鮮半島南部に渡り，朝鮮半島を南下し北部九州に至る説。②は，出発点から直接北部九州や朝鮮半島南部に伝来したとする説。③は，出発点から琉球列島，薩南諸島を経由して南九州に至るルートである。この他，華北，あるいは山東半島から遼東半島を経由して，朝鮮半島基部に至り，それから南下して北部九州に至るルートも提唱されている。③の南まわりのルートは，考古学的事実によって否定的であったが，最近植物学の分野で改めて見なおされている。今後の研究の動向が注目される。この南まわりのルートを除けば，いずれも初期稲作農耕の伝来地を北部九州にもとめている。もちろん，その大きな要因は地理的条件であるが，初期稲作農耕の存在を示す遺跡が集中するのも北部九州，とくに玄界灘沿岸部であることは，紛れもない事実である。
　北部九州，とくに玄界灘沿岸の平野部に定着した初期稲作農耕の実態の解明は重要である。初期稲作農耕が北部九州に定着した直後から時間をおかずして，稲作農耕は日本列島内に伝播するが，その展開の基礎は，すべて北部九州に存在しているとみてよいと思われる。以下，北部九州における稲作農耕について概観してみよう。

1　北部九州の初期稲作遺跡

　稲作農耕の存在を示すものには，水田遺構，農耕具（スキ，クワなどの耕具，石包丁などの収穫具），炭化米，土器上に残された籾圧痕などの考古学的な遺構や遺物，プラント・オパール分析や花粉分析などの自然科学的な分析結果がある。
　九州では，ここで問題にする刻目突帯文土器の時期の水稲農耕に先立つ稲作資料も散見される。熊本県上ノ原遺跡の炭化米，熊本県湧土石遺跡[1]や福岡県長行（おさゆき）遺跡の籾圧痕，熊本県上南部（かみなんぶ）遺跡C地点から出土した土器からイネ機動細胞プラント・オパール，上ノ原遺跡出土土器からはイネ機動細胞様プラント・オパールが検出されている[2]。上ノ原遺跡，湧土石遺跡，上南部遺跡例は晩期初頭～前半，長行遺跡は晩期中頃よりやや後半に近い時期の資料である。しかし，これらの資料にはそれぞれ問題がある。上ノ原遺跡の炭化米は，住

居址の埋土の水洗によって検出されたものである
が，昆虫の穴やひび割れから混入した可能性もあ
り一等資料ではない。また，湧土石遺跡の籾圧痕
は，ササの実の圧痕であるという指摘もあり，長
行遺跡例を含めて再検討の必要があろう。上南部
遺跡，上ノ原遺跡出土土器から検出されたイネ機
動細胞，イネ機動細胞様プラント・オパールは信
憑性が高い。今後，時期判別できる，より大きな
破片による資料の増加が望ましい。年を加えるに
つれて突帯文土器に先行する時期に稲作に関わる
資料が増加していることは，稲作農耕が少なくと
も晩期の前半まで遡る可能性が強くなったことを
示しているといえよう。なお，晩期前半の稲作資
料が熊本県を中心とした中九州から北部九州の畑
作地帯に分布していることは注目する必要があろ
う。

　現時点で明らかに稲作農耕の存在が実証できる
のは，刻目突帯文土器の時期からである。刻目突
帯文土器の分布は，ほぼ九州全域に認められる
が，セットの中に壺を持つ遺跡は北部九州の遺跡
に限られ，中九州から南九州の遺跡でセットの中
に壺を欠落し，存在しても，搬入品として数個体
が存在するにすぎない。稲作農耕の存在を土器の
セット関係から追究する場合，壺がセットの中で
一定の割合を占めることが一つの指標となること
は，かつて指摘したことである。それからする
と，刻目突帯文土器分布圏内にあっても，稲作農
耕を主な生産活動として受け入れたのは北部九州
の地域であって，他の地域では，稲作農耕を行な
っていても，生産活動総体の中ではウエイトが低

かったとみられる。

　北部九州の刻目突帯文土器の時期の遺跡分布は
図1に示した。遺跡が集中するのは，玄界灘に面
した地域である。代表的な遺跡には福岡県北九州
市長行遺跡，石田遺跡，粕屋郡夜臼遺跡，福岡市
板付遺跡，野多目遺跡，春住遺跡，有田遺跡，有田
七田前遺跡，石丸古川遺跡，二丈町曲り田遺跡，
志摩町新町遺跡，佐賀県唐津市宇木汲田貝塚，菜
畑遺跡，大和町礫石遺跡，佐賀市久保泉丸山遺
跡，長崎県平戸市津吉遺跡，田平町里田原遺跡，
深江町山ノ寺遺跡，北有馬町原山遺跡などがある。
学史的に著名な遺跡も多いが，大部分は最近の調
査によって明らかになった遺跡である。この遺跡
の中で，板付，有田，曲り田，里田原遺跡などは，
その地域における拠点的な遺跡とみることができ
よう。また，曲り田，里田原遺跡には支石墓が存
在し，新町，礫石，久保泉丸山，原山遺跡は支石
墓で形成された墓地遺跡である。初期の稲作農耕
と支石墓の強い結びつきを感知できる。換言すれ
ば，北部九州に稲作農耕をもたらした人々の墓が
支石墓であったとみることができるのである。

　北部九州，刻目突帯文土器段階の稲作農耕は，
板付，野多目，菜畑遺跡が検出された水田遺構や
遺跡の大部分が低地に立地することから，水稲農
耕であったことは疑いない。ただ，島原半島に分
布する遺跡は標高の高い畑作地帯に立地し，刻目
突帯文土器以前の稲作農耕との関連性が考えられ
ることに注意しておきたい。

　初期稲作の水田構造や各種農耕具については次
章で詳述するが，その前に，稲作伝播に関わった
人々の存在について考えてみよう。

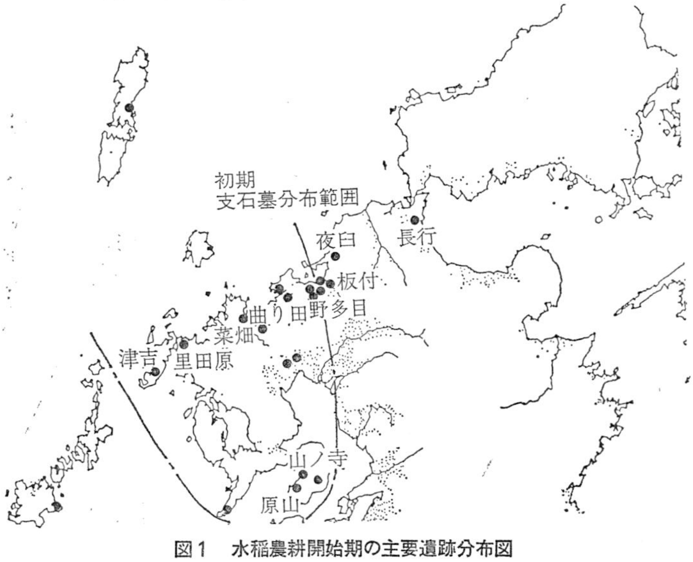

　日本列島への初期稲作農耕伝播の契
機が，朝鮮半島，中国を含めた東アジ
アの政治的動向と大きく関連していた
という見方は，多くの研究者の支持す
るところである。そして，その動向に
よって，朝鮮半島南部からはじき出さ
れた人々によって稲作農耕がもたらさ
れたとすることも，北部九州の初期稲
作農耕に伴う種々の遺物から首肯でき
る。が，そこには，玄界灘を舞台とし
て活躍した漁撈民が大きく関与し，重
要な役割を果たしたと考えることがで
きる[3]。初期稲作農耕の遺跡，支石墓
の分布が，縄文時代前期以降に形成さ

図1　水稲農耕開始期の主要遺跡分布図

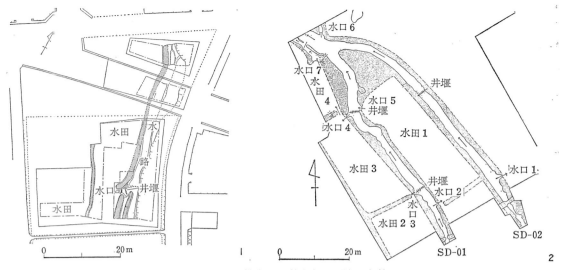

図2 初期水田の構造（1板付遺跡，2野多目遺跡）

れた玄界灘（西北九州）漁撈文化圏と重なり合うことは，単なる偶然ではない。玄界灘漁撈文化圏は，西北九州型結合釣針，離頭銛，石鋸を利用した組合せ銛頭，石銛，礫石器など，特徴的な漁撈具を共有していて，その範囲は朝鮮半島南部から玄界灘をはさむ西北九州域である。朝鮮半島南部と西北九州の間の長い間の交流が，稲作農耕をスムーズに受け入れ，定着させた背景とみることができよう。また，これら漁撈民は，列島内の稲作農耕の伝播にも重要な役割を果たしたことは，島根県西川津貝塚などにみられるように，弥生時代に西北九州型釣針が東に分布圏を拡大することから首肯できよう。

2 初期稲作農耕にみる水田遺構と農耕具

北部九州の初期水田は，板付，野多目，菜畑遺跡で検出されている。開田地・水田構造から乾田・半乾田と湿田の二者があるが，両者の中間の半湿田も存在したと考えることができる。

①福岡市板付遺跡の水田（図2－1）

刻目突帯文土器の段階の水田遺構は，集落ののる中位段丘Ⅱ面の西側に発達した低位段丘上に検出されている。低位段丘西側を北流する古諸岡川の氾濫原と低位段丘の比高差は 4～5m である。また，検出した水田面と集落をのせる中位段丘Ⅱ面との比高差は約 4m である。検出した水田遺構は，灌漑用の水路，水路に設けられた井堰，水口と畔畔に囲まれた水田区画がある。1978年，G-7a・7b 調査区の発掘で，はじめて突帯文土器

単純期の水田遺構を検出し，続いて F-8c 調査区において水路肩部を確認し，その延長を知ることができた。また，G-7a 調査の西側に設定した G-7c 調査区では当該期の水田を確認するとともにその西限が確定でき，南の F-8e 調査区では南限が確認できている。

水田構造は G-7a・7b，県道部分調査区をあわせたものを図2－1に示した。水路は低位段丘面の最も高い部分，すなわち中位段丘Ⅱ面に沿った部分に人工的に掘削されたものである。幅約 2m，深さ約 1m，断面形はU字形をなす。調査で約 300m を確認しているが，復原的に水路の流れをみると，以下のようになろう。水は近くを北流する河川の条件からみて，古諸岡川から取水したとみるのが最も妥当である。取水位置は板付南台地の西側あるいはさらに上流部であったと考えられる。取水地から水路は，南・中央台地の鞍部にむかって北東に進み，鞍部付近から台地に沿って北流し，環濠の北西部で西に屈曲し西流して古諸岡川に合流，排水されたものと考えられる。水田はこの水路に囲まれた部分と北台地の西側の範囲，約 5ha が想定できる。水路には G-7a 調査区のほぼ中央において井堰が設置されている。井堰の残存状態は悪いが，水路を横ぎる杭列に横木をわたした簡単な堰であったと考えられる。井堰の上流には水田への水口が設置されるが，この部分は水路と平行する他の水路（上の水田の排水の溝と考えられる幅 1m，深さ 30 cm）との合流点にあたっている。ここにも杭，横木で簡単な堰がつくられ

19

ている。この堰は上の水田からの排水を給水に切り替える働きをしている。水田水口は長さ 3m，幅1mで浅い溝状をなしている。水口の畦畔にはさまれた所には，杭，矢板を打ち込み，横木を渡した小規模な堰が設けられ，ここで水田の水量調整を行なっていたことが知られる。このように水路の井堰，排水溝と水口の合流点における堰，水口の堰と三重の堰の設置は貯水，給水，排水の関係を充分に考慮した上での水利施設であることがうかがえる。水田耕作土は厚さ 10cm の黒灰色粘質土層である。水田床面には鉄やマンガンなどの集積層は確認されなかったが，それらは埋没以後の地下水位の変動によって消えたと考えられる。水田区画は，水路に沿ってつくられた幅1m，高さ 30cm の畦畔によって東側が限られ，西側は幅50cm の小さい畦畔によって水田間の境が明らかである。南北を区切る畦畔は未検出である。東側畦畔は地山の黒色粘土層を混じえた土盛り畦畔で両側に補強の杭が打ち込まれているが，まばらである。西側の畦畔はやはり土盛りであるが，細長い割板を横にわたし，両端部を杭でとめている。水田の一区画は南北が不明で決めがたいが，南北に細長い 6〜10m×50m 以上（低位段丘の東西と南北の傾斜角度の比からすれば，南北長は 30m 前後が考えられる。そうした場合，南北の区切る畦畔は調査区と調査区の間の未発掘部分に存在する可能性もある），面積 500m²（300m²）以上が想定される。

上層に検出した板付Ⅰ式土器段階の水田構造も，刻目突帯文土器段階の水田構造と同じであるが，それぞれの施設の規模は大規模になっている。

②福岡市野多目遺跡の水田（図2—2）

野多目遺跡は板付遺跡の南西 2.5km のところに位置している。板付遺跡とは水系が異なり，野多目遺跡は那珂川の中流域の左岸に立地している。集落の位置は明らかでないが，水田から遠くはなれていないと考えられる。水田は標高 13m 前後の中位段丘Ⅱ面上につくられている。段丘と沖積地との比高差は約 1.5m である。水田遺構は現水田耕作土の直下において検出したが，これは水田の上部の堆積層が後世に削平されたためである。開田地の選択にあたっては充分に配慮され，板付遺跡の開田地と比較した場合，その安定度ははるかに上まわっている。水路などの灌漑施設がなければ水田の造営は困難な場所である。

水田遺構は残存状態が良好でないが，構造を知るには支障ない。水田の付属施設として水路，井堰，水口，畦畔の痕跡がある。水路は 2 条（西側水路 SD-01，東側水路 SD-02 とする）で共に北流するが，調査区内の北側で合流する。SD-02 は幅2〜2.5m，深さ 0.5〜0.6m，断面U字形をなす。約 70m を発掘した。SD-01 は幅 2.5〜3m，深さ 0.5〜0.7m，断面V字形をなす。やや蛇行しているが約 75m を調査した。両水路には時間的に若干の差がある。SD-02 が先行し，SD-01 は水田の拡張に伴って新たに掘られたものである。SD-02 の下層は刻目突帯文土器単純期，SD-02 の上層と SD-01 は板付Ⅰ式土器段階に近い時期の所産である。水路はいずれも人工的に掘削されたものである。SD-01 の水路が蛇行していることからやや不自然な感じを受けるが，蛇行による水路の拡大などの現象はみられず一定していることから人工によることは疑いない。蛇行の意味は，前段階の水田形態に左右されたか，蛇行によって流路を長くし水温を高める効果をねらったか，水路の流速緩和のためか，いずれかの理由によるものであろう。井堰は SD-02 に 1 ヵ所，SD-01 に 2 ヵ所検出されている。井堰は杭を打ち込み横木をわたした簡単なものと考えられる。3 号井堰は他と異なり矢板を打ち込んだ堰であるが，上部構造については不明。SD-01，02 の合流点より下流では井堰は検出されていないが，両岸に設置された水口の存在から，発掘区外の近い場所に井堰が設置されていた可能性が強い。それからみれば，SD-01 ではほぼ 30〜35m の等間隔に井堰が設置されたと推測することができる。換言すれば，水田区画の 1〜2 筆ごとに井堰が設置され，水量の調整を行なったとみることができる。水口は堰の上流部につくられている。水口は水路に直交した短い溝状をなし，発掘区内で 8 ヵ所が検出されている。また，合流点のすぐ下流の右岸には，幅0.5〜1m，深さ 20〜30 cm，長さ4m 以上の支線水路が北流しているが発掘区外へのびるために詳細は不明。また，水口 7 の部分より下流にかけてSD-01 に平行した溝（幅1m，深さ20cm，断面U字形）が約 10 m 確認できる。この溝は配置から水田の排水溝であることは明らかである。この構造は板付遺跡 G-7a 調査区の突帯文土器単純期の水田と共通し，両者を合成することによって完全な構造を理解できる。このことはまた合流点より下流に井堰が設置されていることを示唆している。

水田の区画は削平が著しく明瞭ではないが，水口の設置場所，畦畔に打ち込まれた杭穴（下端に杭先端部が残る），水田基盤面の高低差から推定可能である。水田はいずれも南北に細長く，水田1は15m×45m，面積475m²，水田2は15m×17m以上，面積225m²以上，水田3は11m×30m，面積330m²，水田4は5m以上×24m以上，面積70m²以上になる。水田耕作土は灰色がかった黒褐色土層で，下面には鉄，マンガンの集積層は認められない。

③佐賀県唐津市菜畑遺跡の水田

菜畑遺跡は唐津平野の西部，衣干山麓に派生する小丘陵間に形成された細長い谷の開口部に位置している。谷開口部は幅約80m，谷の奥行きは約200m，谷の奥には溜池があり谷水が多いことが知られる。開口部の標高は約6m，遺跡の前面は現在かなりの広さの水田となっているが，開口部とは約2mの段差をもって低くなっている。

菜畑遺跡で検出された水田面は山ノ寺式土器期，夜臼式土器単純期，夜臼・板付Ⅰ式土器共伴期，板付Ⅱ式土器期，弥生中期の5面とされる。しかし，考古学的事実や自然科学的分析結果を総合して再検討した結果は，水田の時期，水田区画は報告書と大きく異なるものとなった[4]。菜畑における水田は夜臼・板付Ⅰ式土器共伴期に始まり，以降，5面が存在すると考えられる。9〜12層の山ノ寺式土器の水田は考古学的にみても疑問点が多く，自然科学的分析でも否定的である。ただし，炭化米が出土しているので，遺跡近辺に山ノ寺式土器期の水田の存在の可能性もある。

菜畑遺跡での最も古い水田遺構は，発掘区南側低地中央部を東西に走る水路とその北側が水田とみられる。水路には報告書で夜臼単純期とされた矢板列を中心に，板付Ⅰ式土器期とされた矢板列で護岸されている。水路幅0.4m，両側の畦畔は幅30cmである。主に排水を目的とした水路である。水田区画は発掘区内にはみいだせないが，水田耕作土と考えられる8層のひろがりから北限がある程度把握できる。水田は東西15m以上，南北14m前後，面積210m²以上が考えられる。次の段階の水田は板付Ⅱ式土器の段階になるが，構造的には前段階と同様である。前段階より良く整備されている。水田遺構は水路と井堰，矢板列の畦畔とそれに区画された水田より構成される。水路は前段階の水路を踏襲しているが，大きく改

修され大規模になる。水路幅は約2m，水路両岸の畦畔幅1mである。水路の途中には井堰が設置される。井堰部分より水田区画のための畦畔がのび，丘陵の二段目付近で西側に屈曲する。畦畔幅0.6mである。この水田区画はさらに1列の矢板列で区画された可能性がある。また，水口の存在も予想できる。水田は東西6m以上，南北7m，面積42m²以上と，東西8m以上，南北6m，面積48m²以上の水田を想定することができる。水田東側および水路の南側は遺物のひろがりや自然科学的分析結果から水田とは認めがたい。以上のように菜畑遺跡から検出された水田は排水用の水路をもち，杭，矢板が多用された湿田とみられる。

④農耕具

初期稲作農耕に伴出する農耕具は未だその量は少ない。板付遺跡G-7b調査区の水路では，一段深く掘り凹めた木器貯蔵施設が検出され，諸手鍬，エブリ，石斧柄，鍬柄の未製品が出土し，E-5・6調査区からも諸手鍬，エブリの未製品が出土している。また，水田面からは三角形に近い形態で2孔をもつ石包丁が畦畔にむかって投げ捨てられた状態で出土している。いずれも刻目突帯文土器単純期に伴う。野多目遺跡では水路から2孔をもつ石包丁が出土している以外農耕具らしいものは出土していないが，扁平打製石斧数点が出土している。これを農耕具とみるか否かは問題となるところであるが，前段階の残存現象として注目される。福岡市有田七田前遺跡でも扁平打製石斧の出土があり，他に石包丁片，柱状片刃石斧，扁平片刃石斧などの工具類もみられる。菜畑遺跡では多量の良好な遺物が出土している。耕具には諸手鍬とエブリがあり，石包丁は孔の部分が擦り切り技法によって穿たれた特異なものがある。扁平片刃石斧，柱状片刃石斧などの工具類も多い。菜畑遺跡の石包丁と同じ例は唐津市宇木汲田貝塚の刻目突帯文土器単純層からも出土している。朝鮮半島南部にも同種例が存在し，その系譜を求めるには好都合である。また，長崎県里田原遺跡や福岡市比恵遺跡では前記に続く段階の木製農具が多量に出土している。

現時点では，初期稲作に伴う農耕具は，耕作具として諸手鍬，エブリを主体とし，収穫具として石包丁が主体であったとみることができよう。

3 北部九州の初期稲作

ここで，初期稲作農耕における若干の問題について検討し，まとめとしたい。

北部九州にもたらされた初期稲作農耕は，遺構や出土遺物から水稲農耕であったのは間違いない。水田は，前記3遺跡例で見る限り，立地，構造に若干の差異がある。板付，野多目遺跡は低位あるいは中位段丘Ⅱ面の高い所に立地し，灌漑設備を完備した乾田あるいは半乾田とみられる水田類型である。また，菜畑遺跡は，谷部の湿地を開田地とし，谷中央部に排水を主とした水路が設置され，水路と丘陵の間を水田とする湿田とみられる水田類型である。また，発見されていないが，両者の中間にあたる半湿田とみられる水田類型も想定できよう。初期段階には受容地に合せた開田が行なわれたとみられるが，その主体となったのは板付・野多目類型の水田である。板付・野多目類型の水田では土盛りを立体とし，杭・矢板の使用が少ないのに対し，菜畑類型では，杭・矢板が多用される。今山遺跡にみる前期後半以降の太形蛤刃石斧の充実や扁平・柱状片刃石斧の充実は，木製農耕具の製作はもちろんであるが，杭・矢板の製作に大きくむけられたと思われる。板付遺跡で水田が湿地へ拡大する時期と石斧類の充実期とが一致している点は注目されよう。このことは，換言すれば，水稲農耕の初期段階にはより安定した場所を開田地とし，乾田あるいは半乾田が造営され，その飽和後に不安定な湿地が開田されたと思われる。図3に示したのは福岡・早良平野における刻目突帯文土器から板付Ⅰ式土器の時期の遺跡分布図である。すでにこの段階に遺跡が平野全域に拡がっていることがわかろう。

初期稲作における水田構造は先述したが，灌漑施設を完備した完成度の高い水田であることがわかる。以後，北部九州ではこの水田構造が継承され，福岡市三筑遺跡では5世紀段階の同様構造をもった水田が検出されている。

図3 福岡・早良平野の弥生時代形成期遺跡分布図

日本における水稲農耕は水田構造，農耕具あるいは本稿ではのべていないが水田祭祀にいたるまで，その当初から完成された農業技術体系のもとに開始されたことを知るのである。

註
1) 森貞次郎・岡崎 敬「縄文晩期および板付・初期弥生式遺跡出土土器上の籾および炭化籾の計測表」九州考古学，15，1962
2) 藤原宏志「プラント・オパールからみた縄文から弥生―縄文晩期から弥生初頭における稲作の実証的検討―」歴史公論，74，1982
3) 渡辺 誠「西北九州の縄文時代漁撈文化」列島の文化史，2，1985
4) 山崎純男「北部九州における初期水田―開田地の選択と水田構造の検討―」九州大学文学部九州文化史研究所紀要，32，1987

稲と稲作の波及

山梨県埋蔵文化財センター 帝京大学山梨文化財研究所
中山誠二 ・ 外山秀一
（なかやま・せいじ） （とやま・しゅういち）

日本列島内のイネの波及は，北海道と南西諸島を除
いては，弥生時代前期に波及していた可能性が高い

弥生時代は「日本で食糧生産を基礎とする生活が開始された時代」（佐原1975）といわれる。しかし，農耕の中でも水稲耕作がとりわけ他の生業より重視されるのはなぜであろうか。

確かに，水稲農耕の本格的な開始は，その技術導入にともなう水利権や耕作地の確保などの点で，それまでにはなかった新たな社会変革を生み出し，社会システム全体を変える歴史的契機となったことに相違はない。

しかしながら，当時の人々は，食糧として米だけを食していたわけでは決してない。弥生時代の植物質食料の再検討と整理をおこなった寺沢薫らの研究（1981）は，これまでの弥生の生業観の見直しを迫ったといえる。

弥生時代には，植物質の食糧だけをとってみても，ドングリ，クリ，クルミ，トチなどの堅果類や，稲と前後して日本列島に伝わったとされる豆類や雑穀類などの畠（畑）作物やモモなどの果実類が，稲とともに重要な食糧のリストにあげられている。弥生時代以降においても，これらの食糧の利用度が相対的に高かったことは，稲と稲作の波及の問題を取り扱う前に再認識しておく必要がある。

1 稲作の波及と文化の変容

日本各地における稲作の開始を立証する方法としては，従来遠賀川式土器の波及やその影響による土器様相の変化，あるいは土器組成の変容を手がかりとするもの。また，その他には，大陸系磨製石器を含む石器組成の変化，農具の出現，遺跡立地の変化，墓制の変化などがあげられる。こうした方法は，主にそれらの文化現象の変革期を把握することによって，その背後にある稲作の波及と農耕社会の成立を浮き彫りにするという間接的なものであった。

こうして，日本列島内の稲作波及は，「弥生文化の伝播」とほぼ同義語として扱われてきた。つまり，遠賀川式土器の波及，これはすなわち弥生文化の伝播であり，そしてそれは稲作農耕の開始であるという考え方が一般的であった。

しかし，それを受け入れた列島各地域における文化的変容は，必ずしも一様にはとらえることができない。稲作というひとつの技術体系の波及を起点とする外的要素と，それを受容した集団での内的変化は，地域ごと，厳密にいえば個々の集団ごとに異なったあり方をみせる。

この意味で水田耕作の開始と土器組成という文化的な内容変化との時間的なズレを明らかにした中島直幸の研究（1982）は，日本各地での稲作波及を考えるうえでも非常に示唆的な内容をもつものといえよう。

現在，日本列島で最も古い時期の水田址が発見されている佐賀県菜畑遺跡では，甕，壺，高坏という弥生土器の基本的な器種構成が確立する数型式前に水稲耕作が開始されているという。氏は，この遺跡における山ノ寺式から板付II式にいたる土器組成の変化を，山ノ寺式期に導入された水稲耕作の定着化に対応した現象としてとらえている。この事例をみるかぎり，水稲耕作の開始による生活様式の変化は，前者を起点として漸移的に推移している。

しかし，こうした文化的の変容過程は，どの遺跡においても同様にみられるというものではない。菜畑遺跡とほぼ同時期に水稲農耕が開始された福岡県板付遺跡では，土器の組成が菜畑遺跡とは異なった変化を示し，またその受容においても両者で差異が生じているという（山崎1983）。大陸からの稲作技術をいち早く受け入れたこれらの地域においても，技術や文化の受容という点では多様なあり方がみられ，両遺跡はそれを暗示しているように思える。

他方，最近では南西諸島の初期弥生文化の様相が検討され，九州から南西諸島への前期弥生文化の伝播が明らかにされてきている。上村俊雄（1991）によれば，大隅諸島では広田遺跡や阿嶽洞穴，奄美諸島ではサウチ遺跡，手広遺跡，あやま

る第二貝塚，ウフタ遺跡，沖縄諸島では真栄里貝塚（まえざと），渡具知木綿原遺跡（とぐちもめんばる）などで，弥生時代前期の九州系土器が出土しているとされる。

とくに，沖縄島南部に位置する真栄里貝塚の出土土器は，九州地方からの搬入土器，夜臼式土器（ゆうす）や板付Ⅱ式土器の模倣土器，非九州系の土器に分類される内容を持つ。これらの現象は，同じ時期に東北地方でみられる遠賀川系土器文化の伝播と非常に類似した様相をみせている。また，大陸系の石器群や箱式石棺などを共伴する文化要素をみるかぎり，これらの遺跡は九州北西部にいち早く成立した弥生の文化的要素を多く備えている。

しかし，こうした地域では同時期の水田耕作を示唆する具体的な証拠は今のところ発見されていない。氏は，その理由として南西諸島独特の風土と農耕に不適な自然条件をあげ，水産資源の利用に重点をおいた生業を重視する立場をとっている。

このように，稲作農耕の波及と受容は，各地においてさまざまなあり方を示す。各地の稲作波及については，その時期を他の文化現象とは一度切り離して正確に把握し，その上で文化的諸現象の変化に再評価を加えることによって，波及と受容間のメカニズムをより具体的に解明する必要があろう。

2 稲と稲作の波及

そこで本稿では，弥生文化を規定する文化要素のうち，稲作農耕に関するものを抽出し，これを3つの資料群に分類する。すなわち，稲作農耕の存在を直接的に実証し得る植物遺体資料を第一次資料群，稲作農耕の技術面での存在を示す資料を第二次資料群，その波及の結果として誘引された人々の生活様式の変化を示すものを第三次資料群と位置づけることにする。また，こうした第一次～第三次資料群を含めたものが稲作農耕文化にあたる。

第一次資料群には，炭化米や籾殻，稲藁などの大型植物遺体，イネの花粉化石やプラント・オパールなどの微化石といった直接的資料と籾痕土器

表1　縄文晩期～弥生中期初頭の土器型式および遺跡対応表　　　　網部分は型式または様式名

時期	西日本		中部日本								東北	
	九州	畿内	愛知	静岡	長野	山梨	新潟	石川	関東		南部	中北部
			東海		中部高地		北陸		関東		東北	
Ⅰ	広田 天石	滋賀里Ⅱ	寺津 苦胡BⅠ	清水天王山 下層b中層a	岡ノ峯 大花	中谷	矢津	大杉 籠畑Ⅲ	安行3a			大洞B
Ⅱ	苦関	滋賀里Ⅲ	茶刈谷	清水天王山 中層b	佐野Ⅰ・Ⅱ 茶臼山	豆塚1址 中谷	細池 松葉	中屋Ⅰ	安行3b			大洞B・C
Ⅲ	宮の本 礫石原	滋賀里Ⅲ	稲荷山	清水天王山 上層a	佐野Ⅱb 上の平	中谷 尾咲原	朝日	中屋Ⅱ	安行3c			大洞C・1
Ⅳ	山ノ寺 夜臼Ⅰ	滋賀里Ⅳ 船橋	西志賀 駒沢D地点 五貫森	上皆戸	佐野Ⅱ 山ノ神	金生29址 鵜の島 鉄A2号址石	主野原		安行3d 前浦	杉田Ⅱ 殿内BⅢ		大洞C・2
Ⅴ	夜臼Ⅱ 板付Ⅰ	長原	駒沢D地点 下り松	山王	女鳥羽川 脚瓦鉢 離山 氷Ⅰ(古・中) 御社宮司	鵜の島 熊井戸 金生 中道 宮ノ前	蔦屋Ⅰ 藤橋 蔦屋2址	下野	杉田Ⅲ 殿内BⅣ 姥山Ⅳ 千網1A址		下谷地C	山王Ⅵ 大洞A
Ⅵ	板付Ⅰa		樫王	瓜郷山王 (賤寺)	氷Ⅰ(新) 御社宮司 新井南 荒神沢	宮ノ前 鉄A17址	蔦屋2址	(+)	姥山Ⅵ 荒海	殿内BⅤ 千網2A址 押手	墓料	大洞A・A 砂沢
Ⅶ	板付Ⅰb		氷神平	笹原 見性寺	針塚 林里 刈谷原	鉄A16址 宮ノ前 金の尾	緒立(A群) 槻91・95土	漆下 (古) 外	四十坂 沖Ⅱ 平沢同明 上久保	女方34号 御代田	青木畑 山王Ⅲ	
Ⅷ	城ノ越		岩滑	充字 佐渡 渋沢	横山城 新諏訪町	米倉山 生出山山頂	緒立(B群) 槻5土	漆下 (新) 外	堂山 三ケ木	岩櫃山 女方15号	鳥内9号	寺ノ浦 鱸沼

の間接的資料がある。第二次資料群は，石器組成や木製農耕具，また遺構としての水田址や水利施設など生産技術に対応した要素である。第三次資料群は，生活様式や文化全般の変容を示している点でもっとも広がりをもつが，土器様式や稲作の定着に対応した遺跡立地の変化，集落構造，農耕儀礼などの要素が含まれる。

こうした各資料群の波及の時間的なズレが，各地での農耕社会の成立過程を示すことになるが，ここでは「稲と稲作の波及」という与えられたテーマのなかで，第一次資料群ならびに第二次資料群のなかの水田址の検出からみた稲と稲作技術の波及について検討する。

なお，各資料の時間的な位置づけについては，縄文時代晩期〜弥生時代中期初頭の各地の土器をＩ〜Ⅷ期に区分した表1をタイムスケールとし，

表2　縄文晩期〜弥生前期のイネに関する資料（外山・中山1990に加筆・修正）

時期	水田址*1	籾痕土器	イネプラントオパール（土器胎土）	炭化米・籾殻・稲藁（土器包含層）	イネ花粉化石*2（土器包含層）	イネプラントオパール*3（土器包含層）
Ⅰ期〜Ⅲ期		長崎-小原下，俵，礫石原，百花台／熊本-ワクド石／福岡-長行／大分-大石	熊本-上南部，上ノ原古閑	長崎-殿石原／熊本-上ノ原／大分-恵良原，大石？	福岡-板村↓	熊本-天狗，上ノ原
Ⅳ期	佐賀-菜畑／福岡-板付，野多目／岡山-津島江道／大阪-牟礼？	長崎-原山，山ノ寺・熊木／佐賀-宇木汲田貝塚，丸山，田堵／愛媛-大渕／広島-帝釈峡名越岩陰／岡山-岡大構内／兵庫-岸，今宿丁田，口酒井／大阪-四ツ池，鬼塚／京都-京大構内		佐賀-宇木汲田貝塚，菜畑／福岡-板付，曲り田／兵庫-口酒井	佐賀-菜畑↓	佐賀-菜畑↓／福岡-板付↓／大阪-山賀↓
Ⅴ期	佐賀-菜畑／福岡-板付，野多目，瑞穂／高知-田村／岡山-津島	佐賀-宇木汲田貝塚／福岡-板付／鹿児島-高橋貝塚／大阪-長原，久宝寺北，鈴の宮／長野-御社宮司，一津／山梨-中道，宮ノ前	新潟-藪籠／山梨-中道，宮ノ前	佐賀-宇木汲田貝塚，菜畑／福岡-板付，有田，瑞穂／高知-入田貝塚／青森-亀ヶ岡		
Ⅵ期	福岡-板付／兵庫-戎町／山梨-宮ノ前／青森-砂沢	愛知-鍵水／群馬-押手／千葉-荒海／福島-上野尻，根古屋／山形-生石2／青森-剣吉荒町，是川堀田／天狗森貝塚，是川中居，砂沢		福岡-津古内畑，瑞穂／高知-西見当／山口-舞台迄，辻	福岡-瑞穂↓	兵庫-戎町／山梨-宮ノ前↓
Ⅶ期	佐賀-菜畑／福岡-板付／岡山-津島江道，百間川沢田？百間川原尾島？／兵庫-木庄町／大阪-山賀，若江北　友井東，美園	岡山-門田／愛知-高蔵貝塚，西志賀貝塚／東京-田原，御蔵島／宮城-鹽沼／青森-瀬野，宿野部	新潟-尾立／山梨-宮ノ前	佐賀-菜畑，町南／福岡-立岩，諸岡，門田，剣崎，瑞穂／宮崎-江田原／山口-無田，下東，宮原，惣の尻／兵庫-木庄町／大阪-瓜破／愛知-西志賀貝塚，桜平	福岡-長行↓	福岡-門田／大阪-若江北↓／愛知-松河戸／千葉-荒海，宝田島羽貝塚

＊1　弥生前期の水田址のうち，前半のものはⅤ期に，後半ならびに前期と記載されているものはⅦ期とした。
＊2　イネ花粉がその他のイネ科花粉との比率で30％を超える遺跡についてのみ掲載した。またイネの花粉が継続して検出されるものについては↓で示し，その上限のみを示した。
＊3　イネのプラント・オパールが継続して検出されるものについては↓で示し，その上限のみを示した。
＊4　各資料のうち，詳細な時期や出土状況の不明なものは割愛した。また縄文晩期，弥生前期とのみ記載された資料については外山・中山（1990）を参照されたい。

各資料の帰属時期を考える基礎とする。Ⅰ～Ⅲ期は縄文時代晩期、Ⅴ～Ⅶ期は弥生時代前期、Ⅷ期は弥生時代中期初頭に位置づけられる。また、Ⅳ期については、弥生時代早期ならびに先Ⅰ期とする考え方と縄文時代晩期終末とする2つの立場がある。

表2は、この対応表に基づいてⅠ～Ⅶ期すなわち縄文時代晩期前半から弥生時代前期後葉までの遺跡その他で検出されたイネに関する資料を示したものである。それらは、これまでに130を超える遺跡その他で確認されている[1]。また図1には、これらのうちⅠ～Ⅲ期、Ⅳ期、Ⅴ期、Ⅵ期、Ⅶ期の各時期ごとのイネ資料の検出状況を示した[2]。こうした図表によって、それらの時間的・空間的変化を追うことができる。

Ⅰ～Ⅲ期のイネに関する資料はこれまでのところ17遺跡を数え、その多くが長崎や熊本を中心とする九州北西部の有明海沿岸で確認されている。これらは籾痕土器という間接的資料ではあるが、熊本県の天城遺跡では晩期初頭の土器包含層からイネ機動細胞様プラント・オパール（藤原1976）が、上ノ原遺跡ではイネのプラント・オパールと炭化米が出土している（熊本市教育委員会1971、藤原ほか1975）。また、縄文土器の胎土中からイネ機動細胞（様）プラント・オパールが検出された遺跡として熊本県上ノ原遺跡（藤原1976）、上南部遺跡（藤原1981）、古閑遺跡（江坂ほか1978）などがある。注目すべき点は、こうした遺跡が火山山麓や台地上に立地することである。これらの地域においてはすでに縄文後・晩期からイネに関する資料も得られているが、これまでのところ水稲農耕が営まれた証拠はなく、遺跡の立地状況をみると畠（畑）作農耕の存在を強く暗示する。

続くⅣ期ではイネに関する資料は著しく増加し、地域的にも九州地方の枠を越えて中国・四国から近畿地方西部にかけての西日本に拡大する。その多くはこれまでのところ、九州以外では瀬戸内沿岸から大阪湾岸一帯に集中する傾向を示している。

また、このⅣ期以降に水稲栽培を示す水田址が発見される点は特筆すべきであろう。すでに明らかにされているものとしては、佐賀県の菜畑遺跡（中島ほか1982）、福岡県の板付遺跡（後藤ほか1976）と野多目遺跡（山崎1987）、岡山県の津島江道遺跡（柳瀬1988）などがあり、大阪府の牟礼遺跡の

水田状遺構（宮脇1986）もこの時期に遡る可能性が示唆されている。したがって、この時期には水稲農耕は西日本まで波及し、その一部の集団の間に受容され、開始されていたと判断される。なお、福井県の浜島遺跡と青森県の亀ケ岡遺跡では、晩期相当層より籾殻や炭化米が検出されたとする報告がある（那須・山田1980）が、いずれも詳細な時期については不明である。

Ⅴ期になると、イネ資料はさらに東へと広がり、東日本では新潟、長野、山梨を結ぶ中部地方と青森で確認されている。長野県の一津遺跡（設楽1990）と山梨県の中道遺跡（設楽ほか1989）で籾痕土器が出土しているほか、新潟県の藤橋遺跡（外山・中山1990）や山梨県の中道遺跡（外山1988、設楽ほか1989）と宮ノ前遺跡（平野・外山1990）では浮線文土器の胎土からイネの機動細胞プラント・オパールが検出されている。

また、青森県亀ケ岡遺跡の大洞A式期の土器包含層からはイネの籾殻と炭化米が出土している（鈴木1984）。この包含層の時期が土器の編年と同じであれば、イネの情報はⅤ期段階にはすでに東北地方北部にまで達していたことになる。

Ⅵ期では、イネに関する情報網はさらに拡大する。東日本でも山梨県の宮ノ前遺跡（平野・外山1990）や青森県の砂沢遺跡（村越1988）で水田址の検出をみており、東日本への稲作の波及が予想以上に早かったことを物語る。これは、東北地方において「晩期Ⅵ期に稲作を基軸とする農耕社会を受容した」とする須藤隆の見解（1983）を支持するものであろう。

弥生時代前期後葉のⅦ期になると、とりわけ西日本に関する資料はさらに充実を増し、ほぼその全域において確認される。なお、表2のⅦ期の資料には前期の範疇に入るものの時期の詳細が不明なものも多数含まれており、それらの時期はさらに遡るものもあると考えられる。

このように、イネ資料の波及に関する時間的・空間的展開をみるかぎり、Ⅰ～Ⅲ期とⅣ期、Ⅳ期とⅤ期、Ⅴ期とⅥ期との間にそれぞれ画期のあることが見て取れる。すなわち、縄文時代晩期のⅠ～Ⅲ期において九州北西部の有明海沿岸に集中するイネの分布は、Ⅳ期になると西日本の瀬戸内沿岸から大阪湾岸を中心として拡大する。さらにⅤ期では東日本に拡がり、東北地方北部においてすでにイネの痕跡が認められるようになる。続くⅥ

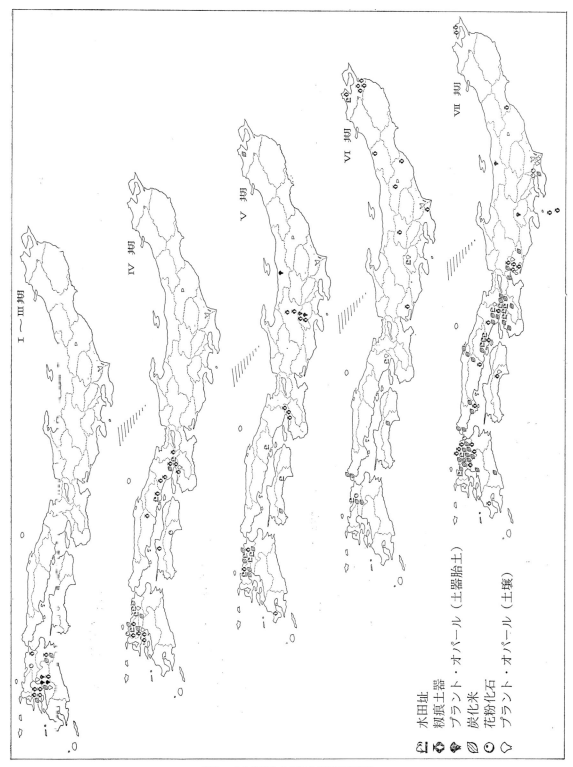

図1 イネ資料ならびに水田址の広がり

期とⅦ期はイネ資料の拡充・充実期と考えられ，Ⅵ期ではとりわけ東日本の資料が増加し，Ⅶ期になると西日本のほぼ全域でイネの情報が得られるようになる。

したがって，現段階では北海道と南西諸島を除く日本列島全域に弥生時代前期に稲作が波及した

可能性は極めて高いものとなってきた。

　水田址の検出をもって水稲農耕の開始とみなすならば，すでにⅣ期すなわち突帯文土器の時期には，少なくとも西日本一帯もしくは瀬戸内沿岸から大阪湾岸地域にかけて，稲作農耕を中心とする農耕技術が波及していたことになる。

　これに対して，東日本の場合はどうであろうか。当該地域においては，すでにⅤ期段階にイネの存在は認められる。ところがそれは，これまでのところ中部地方と青森に限られる。東日本のⅤ期以降におけるイネの資料をみてみると，その多くは籾痕土器ではあるが，情報の入手はむしろ東北地方が早くしかも多い。この時期の情報量が著しく少ないことは避けられないとしても，東日本におけるイネの受容者がひとり東北地方に限られるものではないことは明らかである。イネの情報は，現段階では散見するに留まるが，当時においてもそれは面的な拡がりをもって浸透していったに違いない。今後，中部日本におけるイネ資料の検出の増加が大いに期待される。

　このように，稲作農耕の波及と受容は，各地で様々なあり方を示す。各地の稲作波及の時期については，それを一度文化現象と切り離して再検討すべき段階にきている。

　ところで，中部地方においては，イネの資料は臨海部よりもむしろ内陸部で確認されていることが注目される。東北地方へのイネの波及経路が近年注目されている日本海ルートであるとすれば，こうした臨海部のイネに関する情報は現時点できわめて乏しいといわざるをえない。したがって，その波及経路は海路だけでは説明しきれない状況にあるといえる。

3　まとめ

　水稲耕作の存在は，水田址の発見によってもっとも説得力を持つことはいうまでもないが，その埋没過程における様々な条件や水田層の時期決定の難しさなどの問題がある。これに対して，籾痕土器や土器胎土中のプラント・オパールの検出資料は水田址につぐ有力な手がかりといえよう。

　また，各地におけるイネの存在を直接的に示す第一次資料群や水田址の検出状況は，イネの波及時期が従来考えられてきたよりも一時期ないしは二時期遡ることを示している。とりわけ中部日本においては，これまで縄文時代終末に位置づけら

れていた時期まで遡る資料が検出されている。このことは，東北地方の大洞A式段階でのイネ資料の存在とともに再評価する必要があるといえる。

　また，これまでみてきた第一次〜第三次資料群の時間的・空間的拡がりは，それぞれ稲情報の波及と稲作農耕技術の波及，そしてこれらを含めた稲作農耕文化の伝播としてとらえ直すことができよう。水稲耕作の波及と受容の問題は，まずこのようなイネの第一次資料の存否を明らかにする一方で，農耕具の出現や石器組成の変化など技術面での変容，そして土器様相や墓制など文化面での変化を捉えることによって，今後より具体的に把握されるであろう。

　また，南西諸島の九州系土器や他の文化要素の波及にみられるように，弥生の文化要素の多くを備えながらも，なお水稲耕作の存在に関しては確たる証拠を持たない地域も存在する。このことは，南西諸島に限らず，稲作の波及がすべての地域で即座にその受容とはならずに，各地域の環境や諸条件などによって異なることを示している。山村型の集落あるいは海や湖の水産資源を生業の糧とする地域は，弥生時代に限らず，現代まで存続してきた。こうした意味においても，日本における稲作の存在と文化的影響との関わりをもう一度見つめ直す必要があろう。

　　註
1)　遺跡の文献名は本文中と表を含め紙幅の関係上割愛する。詳しくは，外山秀一・中山誠二「中部日本における稲作の起源とその波及（序論）―プラント・オパール土器胎土分析法による試み―」帝京大学山梨文化財研究所研究報告，第3集，1990，を参照願いたい。
2)　籾痕土器や炭化米・籾殻・稲藁を出土した弥生前期の遺跡のなかで，時期の詳細が不明なものについてはⅦ期としてそれらの分布を示した。

引用・参考文献
上村俊雄「南西諸島における弥生初期文化の様相」九州文化史研究所紀要，36，1991
佐原　眞「農業の開始と階級社会の形成」『岩波講座日本歴史』1，1975
須藤　隆「東北地方の初期弥生土器―山王Ⅲ層式」考古学雑誌，68―3，1983
寺沢　薫・寺沢知子「弥生時代植物質食糧の基礎的研究」橿原考古学研究所紀要『考古学論攷』5，1981
中島直幸「初期稲作期の凸帯文土器」『森貞次郎博士古稀記念古文化論集』1982
山﨑純男「農耕―西日本後・晩期の農耕―」『縄文文化の研究2　生業』1983

弥生農耕の展開

熊本大学助教授
■ 甲元眞之
（こうもと・まさゆき）

穀物と塩分の関係は不可分だが，哺乳動物への依存，個別的な塩生産，
分業体制の成立へとその移行は弥生農耕の展開をそのまま表わしている

1950〜60年代には，登呂遺跡に代表される弥生農耕社会が，時間的なズレをもちながらも，ほぼ全国的に斉一性をもって展開したと考えられていたが，ここ20年来の大規模開発に伴って，面的な広がりをもった発掘調査がなされるようになり，弥生文化の内容にもかなりのヴァリエーションがあることがわかってきた。穀物栽培を行ないながらも，多分に縄紋時代の伝統を強く残す生活様式が展開していたと想定され，自然科学分野の協力による自然遺物の分析から，生態的な適応，とりわけ当時の人間のつくりだした2次的環境に対する適応が，かなりの高度に達していたことも次第に明らかとなってきた。

弥生時代は稲作栽培を基本とする農耕社会の所産であっても，その初期の段階では水稲栽培だけで生計が賄われていた訳ではなく，多様な食料依存の生活が展開していたことは，寺沢薫・知子両氏による，弥生時代の食物の集成的研究によっても明らかである[1]。ここでは主として，弥生時代の自然遺物の変遷を分析しながら，弥生農耕の展開を見て行くことにしよう。

1 弥生以前の栽培植物と哺乳動物

福岡県板付遺跡や佐賀県菜畑遺跡での発掘調査により，縄紋時代最終期と考えられていた凸帯紋土器段階で，すでに水稲栽培が行なわれていたことが明らかとなったが（以下，弥生時代早期とする），それ以前の段階でも日本列島に自生しない穀物が発見されることで，農耕の痕跡を見ることができる。熊本県上の原遺跡では，縄紋時代晩期初頭の住居址から，イネとオオムギが発見されている。これに土器に付着した籾圧痕の例を加えると，北部九州では，縄紋時代の終わりごろにはかなり広範囲にわたって，穀物栽培が行なわれていたことが推測される。鳥取県目久美遺跡では，炭化したヒエやムギが，青木遺跡ではキビが出土しているが。これは板付遺跡や菜畑遺跡の時期以降であるとしても，同県桂見遺跡でのマメ科植物の

存在は，弥生時代早期以前であり，栽培植物の存在は西日本に点在的に広がっていた可能性もある。ソバについては東日本では縄紋時代前期に遡る資料もあるが，西日本では確実なのは弥生時代前期の例がある。

福井県鳥浜遺跡で出土したヒョウタンやリョクトウについて，過大に評価する人もいるが，生態系全体や食料体系の中での位置づけがなされていないために，よくわからない。この点に関してオオムギ，ヒエ，アズキ，センナリヒョウタンの炭化した種子が採集された福岡県四箇遺跡を取り上げて，縄紋時代の栽培植物のあり方について見て行くことにしよう。四箇遺跡は，福岡市西部の室見川上流右岸の沖積平野にある，点在する島状の微高地とその周辺に営まれた，縄紋時代前期から古墳時代にかけての集落を中心とした遺跡である。栽培植物が採集されたのは三日月湖に堆積した「特殊泥炭層」の中で，縄紋後期の西平式から三万田式土器を伴って大量の石器や木製品とともに出土した。種子の分析を行なった笠原安夫教授によると，出土植物はヤマグワや野生イチゴなどの食用植物が36％，木本植物が33％，山野草が13％，畑雑草が7％でその他5％以下となっている。種子の中でヒメクグミやサナエタデ，ミズガヤツリなどの水稲田にも生える種類もあるが，コナギ，オモダカといった典型的な水田雑草はみられない。さらにエノコログサ，メヒシバ，野生イチゴ，イヌタデなど，焼畑耕作に伴う雑草があることから，笠原氏はムギ，ヒエなどは，焼畑耕作による栽培作物であったことを指摘した[2]。この想定と符節を合わすように，縄紋時代後期の層から焼けた木炭などが出土していて，火入れによる開墾を予想させるのである。

オオムギなどと出土した石器類は，その多くが石刃技法による打製石器で，彫器，掻器や使用痕をもつ縦長剥片などがある。こうした石器類は従前の九州の縄紋時代の中にはみられず，新しい外的要素の一つと想定でき[3]，穀物栽培とともに縄

29

表1　西日本を中心とした動物遺体一覧表

数値は個体数（イノシシ・シカの下段の数値は陸棲哺乳類のうちネズミ・モグラ・ウシ・ウマを除いた％）

遺跡名	所在地	時期	イノシシ	シカ	タヌキ	アナグマ	ノウサギ	ニホンザル	テン	イタチ	ムササビ	カモシカ	キツネ	オオカミ	カワウソ	ツキノワグマ	リ・ネズミスコ	オコジョ	ネズミ	モグラ	ウ	クジラ	イルカ	アシカ	カメ	カエル	サメ	サカナ	貝類	鳥類	文献(略)
菜畑 9 層	佐賀県唐津市	山ノ寺式	12/66.7	5	1																								?	?	
〃 8下層	〃	夜臼式	9/81.8	2																									?	?	
〃 8 層	〃	夜・板I	19/48.7	13	2	2	1		1			1																			
〃 7下層	〃	板付II式	6/54.5	4/36.4	1															2											
〃 7 層	〃	弥生中	5/45.5	3/27.3	1		1			1																					
宇木汲田貝塚	〃	夜・板I	10	3	1			○										○						○	○	○	○	○	○	○	
夜臼1号貯蔵穴	福岡県新宮町	弥生前	○	○		○																						○	○	○	
住吉平貝塚	長崎県豊玉町	弥生前	○		2																								○		
柏崎貝塚	佐賀県唐津市	弥生前	○	○		○																					○	○	○	○	
前田山	福岡県行橋市	弥生前	◎	○																									○	○	
葛川	福岡県苅田町	弥生前	○	○																									○	○	
鹿部東町貝塚	福岡県古賀町	弥生前	○															○													
下稗田	福岡県行橋市	弥生前	7		2?	2			2															○	○			○	○		
高橋貝塚	鹿児島県金峰町	弥生前	50/45.5	40/36.4	4	4	3	5	2	2								3?		1				○			○		○		
門田貝塚	岡山県邑久町	弥生前	○	○		○	○																								
下郡桑苗	大分市	弥生前中	7/87.5		1																			○			○				
綾羅木郷	山口県下関市	弥生前中	4	2?		○		○														○	○	○	○		○				
田能	兵庫県尼崎市	弥生前中	15	○	○						○													○				○	○		
タテチョウ	島根県松江市	弥生前中	○	◎																				○			○			○	
〃	〃	弥生中	○	◎										○										○			○				
城ノ越貝塚	福岡県遠賀町	弥生前中	◎																									○			
本分貝塚	佐賀県三養基郡	弥生中	3		2			○										○						○			○		○	○	
石丸3号貯蔵穴	福岡県宗像郡	弥生中	4		○																								○		
詫田西分	佐賀県神埼町	弥生中	12/70.1	4/23.5	1													8	○	○										○	
西川津	島根県松江市	弥生中	6	9																					○	○	○			○	
池上	大阪府和泉市	弥生中	60/75	17																○											
恩智	大阪府八尾市	弥生中	24/68	5	5						○									○						○	○			○	
瓜生堂	大阪府東大阪市	弥生中	○	○																○											
朝日 ※a	愛知県清洲町	弥生中	8/72.7	2/19.7	1																						○	○			
b	〃	弥生中	2/100																								○	○			
c	〃	弥生中	10/71.4	2/14.3	2																					○	○	○			
d	〃	弥生中後	2/100																								○	○			
e	〃	弥生後	1/100																							○	○	○			
f	〃	弥生後				1																									
亀井	大阪府八尾市	弥生中後	○	◎	○	○		○	○					○		?		○		○				○			○		○		
鹿部東町	福岡県古賀町	弥生中後	3	2																○											
原の辻	長崎県壱岐郡	弥生後	○	○	○	○												○				○	○	○			○		○	○	

○は存在（◎は最多のもの，○内は破片数）　高橋信武1989による

紋世界にもたらされたものとすることができる。四箇遺跡では西平〜三万田以後，少し空白をおいて晩期があり，さらに時間をおいて本格的な水稲耕作がはじまっている。花粉分析でもその後一時的な植生の回復が見られ，弥生時代となり徹底的な開墾が行なわれたことを示している。

こうした四箇遺跡での実例を通してみると，弥生早期以前の穀物栽培は，西日本では点在的に行なわれていたとしても，食料のヴァリエーションを付加したにすぎないのではないかと類推される。縄紋時代後半期の狩猟動物のリストをみても，特定種に対する選別的な偏りはみられず，広範囲にわたる網羅的な獲得がなされていたことが知られるのである（表1）。

2　弥生時代の網羅的経済類型

弥生時代における栽培食物の一般的な傾向は，寺沢氏がすでに詳細にわたり研究されている。ここでは哺乳動物につき検討を加えてみよう。

佐賀県菜畑遺跡では弥生時代早期から中期にかけての集落址が発掘され，多量の自然遺物が報告されている[4]。出土した種子や花粉分析の結果，ここではイネ，オオムギ，ソバ，アワ，アズキなどの穀物があり，他にリョクトウ，ゴボウ，メロン，マクワウリなどの畑作物も栽培されていたことが明らかとなっている。採集された堅果類には，クルミをはじめ，落葉性，照葉性のドングリが各種みられ，またスズキ，マイワシ，カレイなど唐津湾の沿岸で捕れるほとんどの魚の骨が出土している。菜畑遺跡で鑑定された哺乳動物には，ノウサギ，ムササビ，タヌキ，テン，アナグマ，イノシシ，ニホンジカ，イルカ科，ニッポンアシカ，ジュゴンなどがあり，広範囲にわたる陸上動物の捕獲が見られる。これら哺乳動物の中でその個体数が多いのはイノシシとシカで，その割合は弥生早期では21対7，弥生前期では25対17，弥生中期では5対3となり，全体としてイノシシは多いものの，極端な差異はみられない。縄紋時代の九州においては，全体的にシカよりもイノシシが多いことから，これらの数値は九州地方の一般的なあり方を示すものといえよう。明確に穀物栽培を行なっていたこの遺跡でも，自然遺物からみる傾向性は，縄紋時代と同様に，多方面にわたっての網羅的な食料体系を窺うことができる。

岡山県門田貝塚は，吉井川の自然堤防上に形成された，弥生時代前期を中心とする集落址である。ここで出土した哺乳動物には，カニ類，サメ目，エイ目，コイ，フナ，ナマズ，ボラ科，スズキ，マダイ，スッポン，ツル科，ガンカモ科，ニホンザル，ノウサギ，ムササビ，ネズミ科，イヌ，イノシシ，シカなどがあり，網羅的な食料源を示している。これらの中で，個体数の多いものはシカとイノシシで，それぞれ25頭と42頭となる。イノシシの年齢構成をみてゆくと2.5歳以上の成獣が全体の74％を占めており，縄紋時代に捕獲されたシカやイノシシの年齢構成に一致する[5]。こうした傾向は島根県西川津遺跡群でも確認されていて，多種多様な食料源に依存するとともに，シカとイノシシの出土比率が拮抗するとともに，成獣が多いという現象がみられる。

東海地方においては，三重県納所遺跡の例が挙げられよう。この遺跡は安濃川下流の沖積地に形成された弥生時代前期から後期にかけての，28万m²にも及ぶ大規模な集落遺跡で，本格的な農耕生活を営んでいたことが窺える。ここで出土する穀物にはイネの他にソバ，ヒエがあり，他にマクワウリ，ヒョウタン，スイカ，シソ，アサ，モモ，スモモなどが栽培されている。ところがシカ13頭以上，イノシシ21〜22頭とその間に極端な差異がなく，また年齢構成をみると，イノシシでは成獣14〜15頭，若獣5頭と縄紋時代の狩猟年齢と変わらない数値をみせている[6]。これまで述べた遺跡のように網羅的な食料源ではないにしても，若獣が少ない点にある種の特徴を見いだすことができよう。

3　弥生時代の選別的経済類型

大阪湾の北部，淀川の下流域は弥生時代当時は河内潟となって，その縁辺部には数多くの弥生時代集落址が発見されている。こうした集落より出土する土器の分析から，二つの異なったグループに分けられることがある。弥生時代前期の中頃において，北部九州系の土器が主体となるものと，在地の長原式土器が主体となるものが併存している。河内では長瀬川と玉串川に挟まれた地域にある瓜生堂遺跡や山賀遺跡などであり，長原式土器が主体となるのは生駒山麓の鬼虎川遺跡，馬場川遺跡，長瀬川左岸では，亀井遺跡，長原遺跡，船橋遺跡などである[7]。これら二つの類型の遺跡で出土する哺乳動物にも，若干の異なりが窺える。

上町台地の先端にある森ノ宮貝塚は近畿地方の典型的な漁村と想定されている縄紋時代後期から弥生時代前期にかけての集落で，自然遺物が縄紋と弥生に分けられて報告されている[8]。両者を比較する弥生時代になって獲得動物の種類が減少しているのを目にすることができる。こうした傾向は他の弥生時代の集落でも認められる。弥生時代になって狩猟動物が減少した中にも，細かくみて行くとイノシシとシカの出土頭数の間に，開きのあるものとそうでないものに分けられる。九州系土器が多く見られる河内潟対岸の兵庫県田能遺跡ではシカとイノシシは 2 対15，大阪府東奈良遺跡では 6 対18と差が見られ，瓜生堂遺跡では骨数で 7 対 3 となる。また美園遺跡の弥生時代前期では骨数で 8 対 2 でイノシシが圧倒的に多い。

　本格的な農耕を営んでいたと考えられる北部九州では，福岡県曲り田遺跡の弥生早期では，シカとイノシシは， 3 対12，弥生前期の下稗田遺跡では 2 対 7 ，弥生前期の佐賀県宇木汲田遺跡では 2 対10とイノシシの選別的捕獲がみられ，しかもそれらの年齢が若いという特徴を示している。こうした傾向は弥生時代初期の特色を示すものと考えられるが，次に池上遺跡の自然遺物を通してより細かく見て行こう。

　池上遺跡は信太山の西の裾が瀬戸内の沿岸に接するあたりに形成された，弥生時代を代表する大規模な集落祉である。ここで出土する魚類には，サメ目，エイ目，ハモ，スズハモ，ボラ科，スズキ，マダイ，クロダイ，マフグと各種の魚がみられるが，そのうちマダイの数が圧倒的に多い。哺乳動物ではクジラ目，タヌキ，イヌ，シカ，イノシシと縄紋時代と比べてその種類が激減している。またシカとイノシシの個体数を出すと，イノシシ60頭，シカ17頭とイノシシはシカの 3 倍以上にも達している[9]。それらの年齢構成を見ると，幼獣が成獣よりも多いという特徴があり，九州の例と一致する。このように池上遺跡では魚はマダイ，動物はイノシシと特定のものに集中する傾向があるが，同様に採集する食べ物の中では，ヤマモモが圧倒的に多く，穀物の中ではイネが群を抜いて多い。これと同様な現象は奈良県唐古遺跡でも知られていて，本格的な稲作栽培を行なう集落では，このような選別的な食料体系があったことがわかる。

　愛知県朝日貝塚でも哺乳動物の種類が少なく，

イノシシとシカの個体数は66対22とイノシシが多く，しかも成獣よりも若獣が半数以上を占めるという現象がみられる。このように弥生時代の前半期においては，縄紋的伝統を強く残す網羅的な食料体系をもつ集団と，本格的な稲作栽培を行ない，選別的な食料体系をもつ集団とが併存していたことが知られるのである。

4　弥生農耕の発展

　ドングリや他の堅果物に比べ，穀物のもつ栄養学的な有利さは，タンパク質を豊富に内蔵していることである。ところが穀物性タンパク質はナトリウムがないと体内では分解しないために，穀物の消費が高まるにつれてどうしても塩分の摂取が必要になってくる。したがって製塩が未発達の段階では，塩にかわるものとして動物の「血」が必要となり，初期農耕民も狩猟によって動物の捕獲をしなければならないことになる。この点において初期の農耕民とその周囲にいた狩猟採集民との「共生」が可能になる。言い換えると採集経済民も容易に，補完的に穀物栽培の導入が可能なことを意味している。しかも西日本では縄紋時代の後期後半以降，点在的，付加的ではあっても農耕が行なわれていたことは，水稲耕作の導入に当たって有利に働いたことは想像に難くない。

　近藤義郎教授によると，弥生時代中期中頃には，備讃瀬戸を中心にして土器製塩が出現してくる。そして弥生時代の後期には，大阪湾南岸，紀伊水道に及び，古墳時代前期には若狭湾，能登半島，瀬戸内西部，玄海灘地域に土器製塩が開始されるという[10]。こうした製塩の一般化は，その裏返しとしての稲作栽培の普遍化をも物語るものと言えよう。

　北部九州においては，土器製塩が出現する以前に，集落から動物骨の出土が希薄になってくることがみられ，ナトリウムの消費に関して年代的なギャップがある。弥生時代の中期には当時の技術ではほとんど最大限に達するような，開拓のピークを迎えており，稲作が順調に発展していたことが推測されていることから，以前にも増して稲作への傾斜が高まったことは否めない。

　山崎純男氏によると福岡県比恵遺跡と板付遺跡では，弥生時代前期中頃に普通の甕形土器を使用しての塩作りが想定されるという。それらは天然のホンダワラにつくコケムシ，ゴカイの仲間など

の微小の貝が焼けて出土することなどで類推できるという。有明海沿岸では弥生時代中期になると60遺跡以上もの，マガキやスミノエガキを主体とする貝塚が出現する。これらはいずれも小規模なもので，一部に住居址を伴うものの，さほど大きな広がりをみせない。熊本県文蔵貝塚はそうした遺跡のひとつで，大量のイタボガキ科の貝に混じって微小の焼けた巻き貝がブロック状にみられた[11]。こうした有明海に出現するイタボガキ科の貝を主体とする貝塚で，塩作りが行なわれていたとするならば，文蔵貝塚でのイチイガシの出土や，カキの季節性から冬季に作業が行なわれたこと，貝塚の規模が小さく点在的な分布を示すことなどから，農耕民による季節的な塩作りが行なわれて，動物の希薄になったことからくるナトリウムの不足を補ったことも考えられる。このことは本格的な土器製塩がはじまる弥生時代後期までの間の，中間的な過程として位置づけることができよう。

弥生時代後期になると，寺沢薫氏の分析にあるように，稲作のかなりの生産力があったことが知られるが，玄海灘周辺では，この時期純粋な漁村が出現することが指摘されている[12]。生産物におけるこうした分業体制の成立は，その背後に示される稲作農耕の到達度を意味するものと言えよう。

九州北部の選別型食料体系をもつ集団では，その当初の段階から比恵遺跡や板付遺跡に見られるような塩生産が行なわれていた可能性もあるが，縄紋的伝統の強い網羅型の食料体系の集団からみると，哺乳動物に依存していた段階，個別的に季節的な塩生産を行なっていた段階，社会的分業として土器製塩を行なっていた段階に区分できそうであり，それはそのまま弥生農耕の展開を表わしているとも言えよう。

註
1) 寺沢　薫・寺沢知子「弥生時代植物質食料の基礎的研究」『橿原考古学研究所紀要　考古学論攷』5，1981
2) 福岡市教育委員会『四箇遺跡』1987
3) 甲元眞之「先史時代の対外交流」『日本の社会史』1，1987
4) 唐津市教育委員会『菜畑』1982
5) 西本豊弘氏の御教示による。
6) 三重県教育委員会『納所遺跡』1980
7) 中西靖人「前期弥生ムラ2つのタイプ」『縄文から弥生へ』1984
8) 難波宮顕彰会『森の宮遺跡』1978
9) 大阪文化財センター『池上・四ツ池遺跡』1980
10) 近藤義郎「原始・古代」『日本塩業大系』1980
11) 熊本大学考古学研究室『文蔵貝塚』1984
12) 下條信行「弥生時代の玄海灘海人の動向」『生産と流通の考古学』1989

東アジア出土新石器時代穀物の年代的分布—■松村真紀子
熊本大学大学院

東アジアの先史遺跡から出土する栽培穀物について，最初に体系的な論述を行なったのは岡崎敬氏である[1]。岡崎氏によれば，淮河を境として華北では仰韶文化以来アワが主として栽培され，やや遅れて仰韶文化末相当の華中ではすでに水稲耕作が重要な役割を占めていた。70年代以降行なわれた発掘調査の成果によって，具体的な出土穀物資料が増加すると，穀物栽培の開始年代も考えられていた以上に遡上することが知られるようになった。これらの資料をもとに厳文明氏はコメに関しての年代的分布図をつくり，稲作の起源についての論攷を発表したが[2]，その後の調査によりさらに古い年代を示す資料がでてきている。そこで本稿では炭素14年代測定値をもとに[3]，東アジア穀物出土遺跡の年代的な分布図とコメの年代的分布図を作成し，先史時代の穀物栽培についての

一般的傾向を見て行くことにする。

図1は前500年頃までの出土穀物の分布である。アワを出土した遺跡で古いのは河南省新鄭県裴李崗遺跡と河北省武安県磁山遺跡で，それぞれ7445±200b.p，7235±105b.p（半減期5730年，以下同じ）という値が出ている。アワの分布は広範囲に及び，約2000年ほどの間に南は漢水中流域，北は西遼河付近まで達する。キビは遼寧省藩陽市新楽遺跡下層が最も古く，いったん山東半島から渭水流域まで南下するが，それ以後はすべて北緯40°以北で発見されている。コウリャンは河南省鄭州市大何村遺跡の4500±140b.pが最古で，もう1例もほぼ同じ年代である。

コメを出土する遺跡で最も古いのは最近発見された湖南省澧県彭頭山遺跡の8200±120b.pで[4]，湖北省宜都県城背渓遺跡でも9000〜7500b.pの値

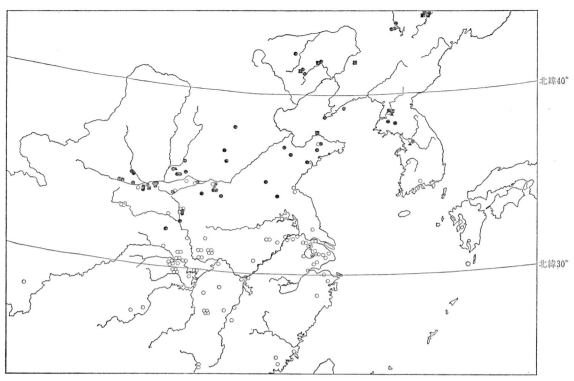

図1 新石器時代出土穀物分布図（○コメ，●アワ，▦キビ，▲コウリャン）

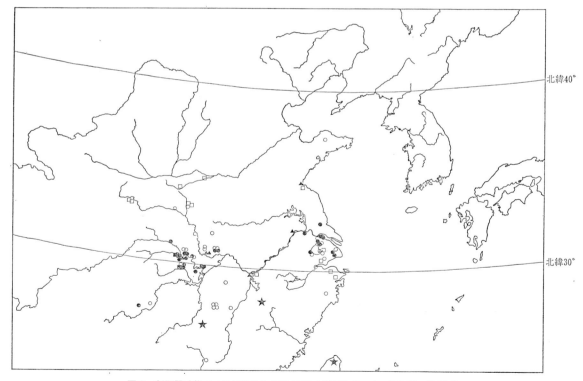

図2 新石器時代コメの年代的分布図（樹林未補正年代，★は野生稲の発見地）
（▦9000〜7000，□7000〜6000，●6000〜5000，○5000〜4000，▲4000〜3000 b.p）

が測定されている[5]。これに続くのが長江下流域の浙江省余姚県河姆渡，桐郷県羅家角，江蘇省呉県草鞋山などの遺跡である。江蘇省連雲港市二澗村遺跡の出土例も7000 b.pとされているが，正式

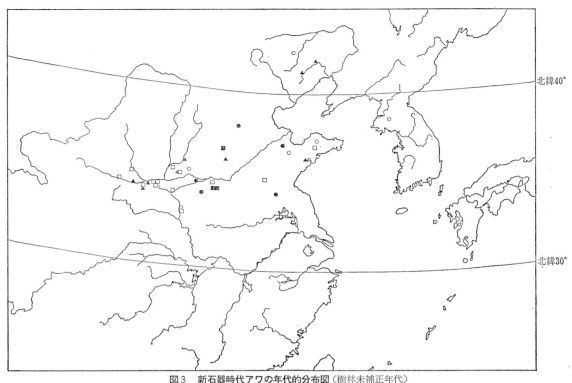

図3　新石器時代アワの年代的分布図 (樹林未補正年代)
(■9000〜7000, □7000〜6000, ●6000〜5000, ○5000〜4000, ▲4000〜3000 b.p.)

な報告がないため不明である[6]。また直接的な遺物の発見にないが，河姆渡遺跡に年代的に相当する湖南省石門県皂市遺跡下層でもコメが栽培されていた可能性がある。この時期には漢水流域の陝西省西郷県李家村遺跡，何家湾遺跡，河南省淅川県下王崗遺跡でも炭化米が発見されているが，これは8000年前頃から始まった地球規模的な温暖化によって，コメの栽培に適した環境が整ったためであろう。さらに4000年前頃には，より北方に位置する山東省栖霞県楊家圏遺跡でもコメが出土している。6000年前頃になると気候は寒冷化するが，5000年前頃をピークに再び温暖化する時期があり[7]，山東半島までコメが北上する説明となる。しかしここより北にはコメの分布は見られず，北緯39°付近が稲作の限界と考えられている[8]。

出土米の品種を見てみると，長江流域では籼 (うるち) (O. sativa, L. subsp. hsien Ting) と粳 (O. sativa, L. subsp. keng Ting) が混在するのに対し，楊家圏および朝鮮半島では粳のみである。これは感温性品種の粳だけが北上した結果であり，おそらく長江中流域で始まったコメの栽培はより良い適地を求めて下流の低地に下り，あるいはその生産性の高さゆえに自然淘汰や人為的な選別を繰り返し

ながら各地へ広がったのである。

註
1) 岡崎　敬「コメを中心としてみた日本と大陸」『古代史講座』13, 学生社, 1966
2) 厳文明「中国稲作農業的起源(1)」,「同(2)」農業考古, 1982—1, 2
3) 主に, 中国社会科学院考古研究所編『中国考古学中炭素14年代数据集』文物出版社, 1983, 中国社会科学院考古研究所実験室「放射性炭素測定年代報告(9)〜(17)」考古, 1982—6, 1983〜1990—各7, 北京大学歴史系考古専業炭素14実験室「炭素14年代測定報告(6)〜(8)」文物, 1984—4, 1987—11, 1989—11 を参考にした。
4) 湖南省文物考古研究所・湖南省澧県博物館「湖南省澧県新石器時代早期遺址調査報告」考古, 1989—10
5) 厳文明「中国における稲作農業の起源と伝播」シンポジウム資料集『稲作文化の流れ』大阪府立弥生文化博物館, 1990
6) 陳文華「中国の稲作起源をめぐる諸問題」『中国の稲作起源』六興出版, 1989
7) 王開発・張玉藍・蔣輝「江蘇唯亭草鞋山遺址花粉組合及其古地理」『第四紀花粉分析与古環境』科学出版社, 1984
8) 甲元眞之「東北アジアの石製農具」古代文化, 41—4, 1989

稲作と畑作

群馬県埋蔵文化財調査事業団
能 登　健
（のと・たけし）

弥生畑作の検出例は非常に少ないが，古墳時代は水田でも畑でも米
志向の農業が行なわれていたことから弥生時代も同様と考えられる

1 弥生時代の畑作耕地

　弥生時代の畑作物については，近年の調査事例の増加にともなって栽培種子の検出が相次いでいる。しかし，畑作（畠作）耕作の具体的な方法については，耕地の検出例が少ないために不明な点が多い。ここでは，畑作耕作法の研究動向を中心にして，弥生時代の畑作農耕を考えてみよう。

　現在までに弥生時代と考えられている畑作耕地の検出例は目黒身遺跡（静岡県）のみである（図1）[1]。この遺跡では幅 40〜50 cm で長さ 4 m の溝が並行して17本検出され，弥生時代後期中葉の畑と認定している。報告書では，畝と畝間の認定に混乱が見られ，しかも提示された図版の不備も加わり，分析不可能な点が多い。溝を作切り（畝立て）の痕跡と考えると，溝が畝間となろう。この考え方に立てば，畝の幅は 30〜80 cm となる。弥生時代の畑としての根拠には，畑の上面から弥生時代後期の土器が出土していることと，古墳時代前期の住居との重複をあげている。しかし，ここでも住居との重複を述べる文章と実測図版に齟齬があり，しかも写真図版にも重複を示すものがない。弥生時代の生産構造の研究が生産地そのものとしての水田や畑にまで及んでいる現在，その年代観などについての再考が迫られていると言えよう。

　とりあえず，目黒身遺跡の畑遺構が弥生時代の生産遺構であるとの一般的な見解にしたがって分析を進めよう。同遺跡では竪穴住居32軒が調査され，このうち弥生時代後期から古墳時代初頭の住居は29軒である。畑と同時代の弥生時代後期中葉（目黒身式期）の集落も存在し，該当する集落の前後期の継続性も認められることから，この畑は集落内に存在した畑作耕地と考えられよう。また，畑の検出は一部のみであるために全体の構造は不明であるが，耕作痕としての溝跡からは作付け面の整備や倍土などの農法が想定され，一定程度の耕作技術を見て取ることができる。

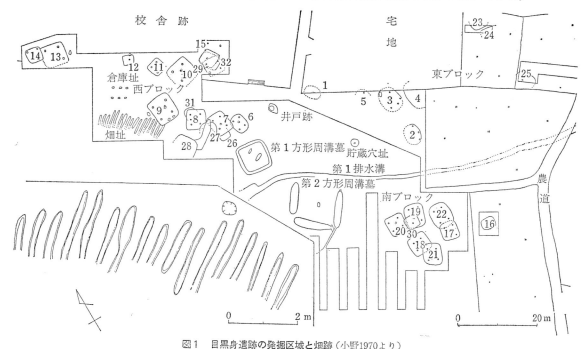

図1　目黒身遺跡の発掘区域と畑跡（小野1970より）

2 古墳時代の畑作からの類推

目黒身遺跡の畑跡が弥生時代の耕地であるとすれば，集落内に形成された小規模な耕作形態のものである。この耕作形態を，群馬県下で検出されている古墳時代の耕作地と比較してみよう。群馬県下ではテフラ（火山噴出物）で覆われた6世紀の水田や畑が相次いで検出されている。このうち，畑については空間的な土地利用を前提にした類型の分類がされつつある。

黒井峯遺跡では古墳時代の集落がテフラ（軽石）に埋没して検出された[2]。ここでは，いくつかの単位を示した住居群が認められ，その周辺の空間を埋めるようにして畑作耕地が形成されていた。ここでの畑作耕地は畦状の施設によって区画されており，その内部が作付けされて畝が残される。すなわち，畦状の区画内が耕作地ということになる。そして，畦状の区画内には，次の三種の耕作状態が読み取れた。①畝がくっきりと残されており，軽石で埋没する直前の期間には畑として使用されていたもの，②畝がうっすらと残されており，埋没時点には耕作が放棄されていたもの，③耕作面に畝の痕跡はなく，しばらくの間耕作が休止されたもの，である。すなわち，黒井峯遺跡が軽石で埋没したときには②と③の耕地は休耕中であり，ここからは休閑農法を見ることになる。このうち，③についてはソバの散播のような畝立てを行なわない栽培方法も考えられるが，耕作土中に起耕痕が認められることから，とりあえず畝の消失した休閑中の畑としておきたい。いずれにしても，畑作耕地は畦状の施設で区画されていたことは確かである。黒井峯遺跡では，このほかに住居に接して短冊状の畝立てによる小区画の耕地が検出されている。この耕地は検出当初に菜園と考えられたが，後に陸（畑）苗代であることが判明している[3]。

一方，群馬県下では黒井峯遺跡の居住域とは異なる，もうひとつの形態の畑作耕地がある。有馬条里遺跡に代表される広域な畑作耕地で，一区画の広さは黒井峯遺跡の畑作耕地の数倍にもおよぶ規模のものもある[4]。この種の畑が居住域とどのような関係にあるかは西組遺跡で理解できる[5]。ここでは居住域の周縁に広域な畑作耕地が見られ，その末端は水田耕地が形成されている低地帯となり，居住域と農業生産域を包括する集落構造

が見えてくる。

目黒身遺跡で検出された畑作耕地は，検出された位置から見て黒井峯遺跡の居住域内に存在する形態の耕地と同様の性格を有する可能性が高い。目黒身遺跡の居住域は沖積低地に突出した台地上を選地しており，その周辺には水田耕地を想定することができる。そして，台地上の居住域内には畑作耕地が存在する。もちろん，居住域内の畑は一地点のみでの検出であるが，耕地の面積は住居数にしたがって想定されるものであろう。古墳時代の畑作耕地のあり方から弥生時代の耕地を類推すると，居住域内にあっては比較的共通した様相を看取することができることになる。

しかし他方では，弥生時代の畑作耕地を考える場合，今後の分析課題の一つに居住域を離れた地帯の畑作利用を中心とした空間構造のあり方に注目する必要が生じて来ることになる。なお，最近になって白井南中道遺跡・白井丸岩・白井大宮遺跡・白井北中道遺跡などの白井遺跡群で検出された広域な畑作耕地では，休閑・放牧を伴う輪換農法が確認されている[6]。『魏志』倭人伝には「牛馬無し」と記されているが，弥生時代の牛馬の出土例の検討も加え[7]，今後はこの点での視座も必要になる。

3 陸稲とムギ作

弥生時代の栽培作物の研究は，調査事例の増加とともに進捗の度を速めつつある。とくに後藤直氏は朝鮮（韓）半島の調査事例の増加とその分析によって，日本の栽培作物の出自を朝鮮半島に求めている[8]。ここでは，これらの栽培作物の耕作方法についての視点から，畑作耕作の構造についての展望を求めてみたい。残念ながら，弥生時代の畑作物の研究は出土種子のみで畑作耕地の検出例が少ないために，ここでも古墳時代の事例をもって弥生時代の畑作耕作法を類推することになる。

従来，稲については水田作物として分類されてきた。しかし，畑作耕作土のプラントオパール分析によって陸稲栽培が確認されだしている。現段階では，6世紀初頭と中頃の畑での検出例として黒井峯遺跡・有馬条里遺跡・北原遺跡などがある[9]。これらの遺跡のうち黒井峯遺跡は居住域内の畑作耕地であり，有馬条里遺跡と北原遺跡は居住域周縁部の畑である。すなわち，このことからは

37

陸稲栽培は畑作耕地での一般的な作物であったことが想定されよう。一方，黒井峯遺跡ではプラントオパール分析でオオムギが検出されている[10]。しかし，この事例は耕地での検出例ではなく，収穫後の貯蔵状態のものであるために栽培方法については不明である。

なお，理科学的方法での栽培作物の検出には，まだ未開発な部分が多い。畑作耕地は洪積台地に集中するために，乾燥による花粉の分解が激しく花粉分析のデータは得られにくい。また，プラントオパール分析にも制約がある。イネのプラントオパールについては穎（籾殻）・葉身・桿（茎）ともに分析が可能であるが，オオムギ族での分析は穎のみに限られている。さらに，キビ族についてはプラントオパール自体の分類が難しく，栽培種としての同定に問題が残っている。マメ類やソバはプラントオパールが見られない。

表1は，出土種子にみられる畑作物についての群馬県下での平均的な農事暦である。イネの播種は，水田作と畑作ともに同時期で，現在の農業経営の根幹をなしている。これに対して，ムギは水田の裏作としての重要な位置を占めている。群馬県下では，養蚕業地帯の畑地利用は桑栽培が優位を占めるが，その他の地帯での畑地利用はムギ作が優位を占めている。黒井峯遺跡で検出されたオオムギは二毛作のない段階のものとして，畑作栽培の蓋然性が高い。アワ・ヒエ・キビ・モロコシなどのキビ族は，現在ではほとんどが家畜の飼料としての栽培であり食用としての栽培は途絶えて

いる。これらの作物の一部は水田栽培の方法もあるが，聞き込み調査では食用栽培はほとんどが畑地栽培であったらしい。マメ類は水田などの畦植えの他は畑地栽培で，ソバも同様である。

栽培時期はムギ類の他はすべて夏作である。マメ類は品種の違いによって早生と晩生による播種時期の差異があり，ソバは品種とは無関係に播種時期に幅がある。このうち，ムギ作は二毛作が考えられない段階での畑作作物のうち冬作物として重要である。そして，この両者は耕作期間が播種と収穫時期で重複することになる。このことは，無肥料段階での輪作や連作による地力窒素の消耗および有機物の自然供給による地力回復方法を考慮した場合の耕作方法として問題となる。すなわち，陸稲を初めとする雑穀と麦の検出，そして白井遺跡群や黒井峯遺跡における休閑農法の存在からは，夏作物の耕地・冬作物の耕地・休閑，という耕地の輪換が想定されることにもなる。このことは，遡行的に弥生時代の農耕を考える場合の視点として重要である。

4　弥生陸耕と焼畑

神村透氏による弥生陸耕論は焼畑式農法を前提にしたもので，藤森栄一の縄文農耕論に依拠している[11]。しかし，藤森の縄文農耕論については理論的な欠陥が多い[12]。焼畑農耕は切替畑農耕とともに，最も原始的な農法であるとの一般的な見解があった。この両者の差異は耕作の開始に伴って原野を焼き払うか否かにあり，無肥料であるとともに地力低下によって放棄されるプロセスをもっている。すなわち，収穫量の上では粗放的であり，地力保持の面では略奪的である。

ところで，日本における焼畑論については，国内に残存する民俗事例を援用したものが主流を占めており，本来の焼畑耕地の分類を考慮していないものが目立っている。大槻正男は，ヨーロッパの事例を元にして，焼畑式農法を①林地焼畑式，②原野焼畑式，③泥炭地焼畑式，の三種に分類した[13]。このうち，③は国内例に乏しく分析項目か

表1　出土作物の耕作期間（現在の群馬県下の平均）

作物／暦	4月	5月	6月	7月	8月	9月	10月	11月	12月	1月	2月	3月
イ ネ（陸稲）		○———————————◎										
オ オ ム ギ	○—◎----◎						◎					
コ ム ギ	○—◎----◎						◎					
ア ワ		○———————————◎										
ヒ エ		○———————————◎										
キ ビ		○———————————◎										
モ ロ コ シ		○———————————◎										
ダ イ ズ	○------------○--------○---------◎											
ア ズ キ	○------○-------◎----◎											
リョクトウ			○----------◎									
ソ バ		○------○------○---◎										

○—播種期　◎—収穫期

表2　畑作農業経営の耕種式分類試案（大槻ほか1931を能登が暫定的に編集）

掠奪農法	輪換粗放農法		輪作集約農法
?			┬林地焼畑式
切替畑式──野生穀草式──	（二圃式）────普通穀草式──改良穀草式		├園芸式
（原野焼畑式）	三圃式────改良三圃式──輪作式		├工芸式
			└有畜式

らの除外もさして問題を生じない。現在，国内に民俗事例として残存する焼畑式は①の林地焼畑式であり，これがいわゆる日本の「焼畑式農法」としての分析の対象となっている。しかし，この林地焼畑式の残存する地域の多くは弥生時代と古墳時代の集落遺跡が分布しない地域と一致していることから，考古学的には原始農法としての遡及性を証明し得てはいないことになる。むしろ，畑作農耕の発展段階を論議するには，②の原野焼畑式を考えなくてはならないことになる。

焼畑式と切替式とは，地力低下に伴った耕地の放棄に共通性があることから，ともに農耕地が固定していない農法ということになる。そして，その視点によってこそ，その後に続く耕地の固定化との間に大きな農法の変革を見いだすことが可能になる。現在，群馬県下で検出される古墳時代（6世紀）の畑作耕地は「耕地地割り」を示す畦を有している。そして，「休閑農法」も考えられている。このことは，各耕地における耕作上の占有権を暗示しているとともに，耕地の固定化を示していると判断されよう。さらに，「放牧」が加わることによって，ヨーロッパにおける原始穀草式から主穀（輪圃）式の初期段階に位置づけられると考えられよう（表2）。

黒井峯遺跡を初めとした群馬県下の古墳時代の畑作耕地は，固定した農地として認知される。一方，目黒身遺跡で検出された畑作耕地は，黒井峯遺跡と同様に居住域に近接したものであった。この畑作耕地が黒井峯遺跡と同様の性格を有するものであれば，弥生時代においても原野焼畑式の耕作段階をすでに経過したものと言える。今後の大きな視点であろう。

5　展　望

弥生時代から本格的に始まる農業社会は，これまで水田による稲作農耕を中心にして語られてきた。このことは，多くの弥生時代の集落が水田耕地に接して立地していることから見ても誤りでは

なかった。しかし，古墳時代の畑作耕作の実態が明らかになるにつれて，水田耕作のみで農業社会の発展段階を理解する方法に見直しを迫ることになる。このことは出土種子のみでの農業社会の理解も問題になる。古墳時代の畑作に陸稲が導入されていたことは，それを象徴していよう。

水田か畑かの議論は，すでに終わっている。少なくとも古墳時代には稲作＝米志向の農業体系が確立しており，水田でも畑でも米（稲）生産に力を注いでいた。さらには広大な畑作耕地では米以外の穀物生産も行なわれていた。しかし，畑作耕作には休閑農法があることによって無肥料・粗放的な段階にあることも判明しつつある。

弥生時代の畑作の解明については，このような成果を踏まえた考古学独自の検証法としての遡行的な分析方法の確立が迫られていることになる。

註

1)　小野真一『目黒身』沼津市教育委員会，1970
2)　能登　健「火山災害」『子持村誌』上巻，1987
3)　能登　健・内田憲治・石井克巳「古墳時代の陸苗代」農耕の技術，12，1989
4)　群馬県埋蔵文化財調査事業団『有馬条里遺跡Ⅰ』1989
5)　註2)に同じ
6)　1991年7月16日付朝日新聞で報道。
7)　西中川駿『古代遺跡出土骨からみたわが国の牛馬の起源，系統に関する研究』（昭和63年度文部省科学研究費補助金研究成果報告）1989
　　　松井　章「家畜と牧─馬の生産」『古墳時代の研究4』1991
8)　後藤　直「日韓出土の植物遺体」『日韓交渉の考古学』1991
9)　能登　健「畑作農耕」『古墳時代の研究4』1991
10)　杉山真二・石井克巳「群馬県子持村FP直下から採集された炭化物の植物珪酸体（プラント・オパール）分析」日本第四紀学会要旨集，19，1989
11)　神村　透「南信州における弥生時代の陸耕」えとのす，8，1977
12)　能登　健「縄文農耕論」『論争学説日本の考古学3』1987
13)　大槻正男「焼畑式」『経済学辞典』岩波書店，1931

稲の来た道 ──────────────── 西南学院大学教授
高倉洋彰
（たかくら・ひろあき）

日本列島への稲作伝播の道は華北ルートが最も可能性が強く
水稲耕作技術の伝播経路としては朝鮮半島からと推定される

1　稲の伝播

近年の発掘調査の成果は，導入された稲作が陸稲ではなく，水稲耕作であったことを明らかにしている。それは土地を水平に整える水田の造成や水の制御はもとより，農具の製作，水田の耕起から収穫・脱穀，さらには貯蔵，食用にいたる各種の技術の理解，これらの前提となる農作業のサイクルの理解，水田を維持管理するために必要な土地に定着した生活の開始など，稲作を知らなかった人びとの生活と文化を根底から革新する性格をもっていた。日本列島に稲作の技術が導入された時，人びとは史上最大の画期のひとつを迎えたのである。それだけに人びとが水稲耕作の技術を学んだ，あるいは列島にそれをもたらした発進地への関心が高まってくる。

日本には野生稲が存在しない。したがって自らの力で稲の栽培を創案し，開始することはできず，必然的に列島の外からの伝播を待たなければ稲作は始まらない。そして，アッサム・雲南センター説や江南センター説など中国の各地に稲作の発祥地を求める諸説があるが，こと日本稲作の原郷に限れば，長江（揚子江）下流域の太湖周辺を中心に江蘇・浙江省などに広がる江南地方とする説で一致している。

つまり日本列島への稲作伝播の道筋で問題とされているのは，江南から如何なるルートをたどったかであり，それは大まかに次の3説にまとめられる（図1）。

A　華南（南方）ルート　江南地方から南西諸島を経て九州に伝わるとする南回りの伝播説で，中国の研究者や，柳田国男氏の「海上の道」に代表されるように日本の民俗学者の一部などに支持されている。近年，陳文華氏は照葉樹林文化帯としての共通要素があるとして，イモ類作物の栽培・高床式建築など17の検討項目を列挙し，このルートの可能性を提起しておられる[1]。

B　華中（江南）ルート　江南地方から東シナ海の波濤を越えて直接九州に到達したとみる説である。稲作の日本伝播に積極的な発言をされている安志敏氏[2] をはじめ，中国の考古学研究者の多くはこの見解をとっておられるようである。最近では日本でも，徐福伝説の評価などからこの説の立場に立つ考古学研究者がみられる。この場合，到達地を九州の西海岸，ことに有明海一帯としている点に特色がある。

C　華北（北方）ルート　朝鮮半島を経て，対馬・壱岐を島伝いに，玄界灘沿岸の諸平野に到達したとする見解である。江南地方から朝鮮半島への経路については，山東半島から直接黄海を横断し朝鮮半島の中南部に入ったとする渡海説(a)，すなわち山東ルート説が強い。中国では厳文明氏の見解[3] がよく知られ，日本の考古学研究者の多くもこの説に賛成している。ほかに山東半島から廟東列島を伝って遼東半島に渡ると する説（b），あるいは大陸海岸部沿いに北上して遼東半島に達し，朝鮮半島を南下したとみる陸路説（c）がある。ただ(b)(c)説は稲の成育にとって寒冷過ぎる難点が指摘されている。

これらの3説は，いずれにも主張の根拠があり，時間を度外視すればそれなりに成立の可能性がある。たとえば華南ルート説の陳文華氏の検討項目には茶の飲用，麹を使っての酒造り，龍舟競争，新婦が笠をかぶる習俗などがあげられている。それは確かに稲作の流入にともなう文化であろう。ただ，日本列島への稲作の流入は一度限りではない。鎌倉時代末に導入されたインディカ種の大唐米（占城米）はその好例である。陳氏の列挙される検討項目は時期の特定できないものが多い。水稲耕作の伝播論で問題にされており，陳氏自身も問題にされているのは，列島への最初の伝播ルートである。稲作の初伝に果たして龍舟競争などの検討項目とされる習俗をともなったのか，現状では検証の方法もなく，その意味で根拠は薄い。問題はあくまでも初伝であり，それに確実にともなう共通要素の検討である。

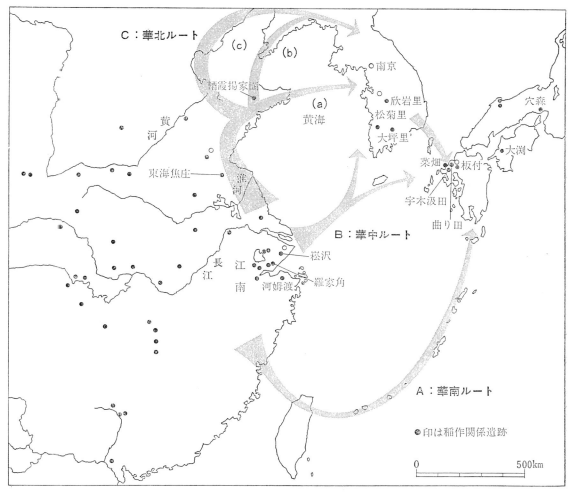

図1　稲の伝播ルート

2　日本列島に伝わった稲作

　稲作伝番についての3つのコースを考える際に、列島に受け入れられた稲作の実態は、不思議なほどに等閑視されている。ことにA・B説にそれはいちじるしい。受け入れられた稲作の資料が山積されているのに、である。

　現在認識されている成果の一部をあげれば、日本列島で受け入れられた初期稲作の資料は、大略、次のような情報を伝えてくれる。

　①　稲作は縄文時代晩期末（研究者によっては弥生時代早期、どちらも時間的・内容的には同じ、以下受容期とする）、つまり紀元前5世紀前後の頃に列島に達している。

　稲作受容期の実年代の特定はことのほか困難な問題である。佐賀県唐津市菜畑遺跡の、最古の水田遺跡である福岡市板付遺跡と同様の木製農具や土器・石器などの組合せのみられる縄文時代晩期末（夜臼式期）層のC[14]年代は紀元前680±30年、670±60年を示すが、やや古く出すぎている嫌いがある。さほど距離を隔てない唐津市宇木汲田遺跡の晩期末層のC[14]年代は紀元前420±50年、続く弥生時代前期初頭は290±50年で、中国の暦年代との比較から押さえられる弥生時代前期末以降の実年代観からすれば、宇木のC[14]年代がより妥当と判断される。

　なお、水稲耕作の初伝は、夜臼式期に先立つ山ノ寺式期（縄文時代晩期後半）に求められる可能性がある。菜畑遺跡や福岡県二丈町曲り田遺跡の土器・石器の組合せなどからそれは推定できる。一方、同じ頃の北九州市長行遺跡では籾痕土器をはじめ稲作を思わせる資料が検出されているが、石器の多数は打製で、大陸系磨製石器を欠くなど、夜臼式期の内容とは大きな開きがある。すな

41

わち，稲作受容の上限はこのあたりにある。

いずれにせよ，紀元前680±30年とか紀元前420±50年とかの年代は，中国の春秋時代もしくは春秋から戦国時代への過渡期に相当する。比較の対象はその時期の中国や無文土器時代の朝鮮であって，決して浙江省の河姆渡遺跡や羅家角遺跡などから想定される新石器時代のそれではない。

②　稲作の到達地は，唐津市から福岡県粕屋郡にかけての玄界灘に沿った地域である。この地で列島への定着が図られ，南へ東へと急速に拡大する。

玄界灘沿岸部諸平野への定着は受容期の稲作に関する遺跡，唐津市菜畑・宇木汲田，福岡県二丈町曲り田，福岡市有田・板付，古賀町鹿部東町などの遺跡の分布をみれば，一目瞭然であろう。そこからの拡散もまた，この地域で醸成された夜臼式土器期，あるいはそれに後続する板付Ⅰ・Ⅱ式土器（いわゆる遠賀川式土器）期の文化内容の波及をもって，理解されるところである。この事実は稲作の伝播が大海の中に浮かぶ対馬・壱岐の両島を懸け橋にしたことをうかがわせる（ただし現在のところ，両島ともに受容期の稲作遺跡は知られていない）。

③　到達した稲作はその最初から水稲であり，灌漑・排水施設をともなう乾田もしくは半乾田であった[4]。もちろん谷水田も存在するが，乾田型水田の完成度は近世のそれとさほど差がないほどである。

受容期の水田は福岡市板付遺跡，あるいは福岡市野多目遺跡に代表される。板付遺跡は1978年に発掘調査され，稲作受容直後の夜臼式期と，多分に日本（倭）化した板付Ⅰ式期の2面の水田が検出されている。夜臼式期の水田は，居住空間として環濠集落の存在する比高差5mほどの台地の西側縁辺に人工的に掘削された幅2m，深さ1mほどの水路に沿って，開かれている。水田と水路の間には幅1mほどの畦畔がある。水路には直交するように打ち込まれた杭列があり，そのすぐ上流で畦畔を横切る水路と水田を結ぶための溝（水口）にも同様の杭列がみられる。杭列の内部には横木がみられ，必要に応じて横木および草や土などで流れを制御し水量を調節する役割で設けられた井堰であり，取排水口であることをうかがわせている。6〜10mほどの幅をもつ水田は水路に沿って南北方向に伸び，西隣の水田とは幅50cmほどの

杭や矢板で護岸された畦畔で整然と区画されている。南・北の畦畔が検出されていないが，別の個所で検出された井堰との間隔や野多目遺跡の水田から，長さ50mほどに推定されている。つまり水田一面の面積は500m²ほどであろう。

列島に伝播した水稲耕作が驚くほどに完成されたものであったのである。

④　米の種類は短粒のジャポニカ種に限られ，原郷の江南でジャポニカ種とともにみられる長粒のインディカ種を混じえない。

これは疑いようのない事実である。近年，農学者の和佐野喜久生氏はそのことを認めた上で，短粒にも大きく2種類があり，それぞれが玄界灘沿岸部と筑後平野から有明海沿岸部にかけて分布していること，短期間に品種改良が行なわれたとは考えがたいこと，などから伝播ルートの相違を指摘されている[5]。これは受容期の稲作が玄界灘沿岸部で開始されたとしたように，比較された両地域の資料が大きな時期差をもっていること，安定した平均値を求め得るような資料数の少なさと無関係ではない。たとえ伝播ルートが相違したとしても，列島に稲作の定着をもたらし弥生文化の骨格を生み出した第一波のそれではなく，第二波，第三波の問題である。

⑤　農具製作用木工具および収穫具として朝鮮系磨製石器および鉄器をともなう。

⑥　稲作の受容によって土器の形態や組成が改まり，夜臼式土器を成立させるが，朝鮮半島の無文土器の影響が色濃く認められる。

当時の人びとが今に残した道具の中に具体的な類似点が指摘されている。⑤⑥を通じて言えることは，つとに指摘されているように，朝鮮無文土器文化との類似である[6]。それを図2に示したが，すべての資料がこのように類似するわけではない。しかしながら弥生文化の流れが無文土器文化と共通する新たな要素の上に立脚していることを否定することは困難であろう。紀元前5世紀前後の江南地方の石器文化については知らないが，それに先立つ馬橋文化[7]の中に，夜臼式期文化への直接的な影響をうかがうことはできない。

問題となるのは鉄器の使用である。福岡県曲り田遺跡の板状鉄斧とみられている鉄片（夜臼式期），および熊本県天水町斉藤山遺跡の袋状鉄斧（板付Ⅰ式期）の2例が遺存するに過ぎないが，板付遺跡の夜臼式期水田で畦畔の護岸に打ち込まれ

42

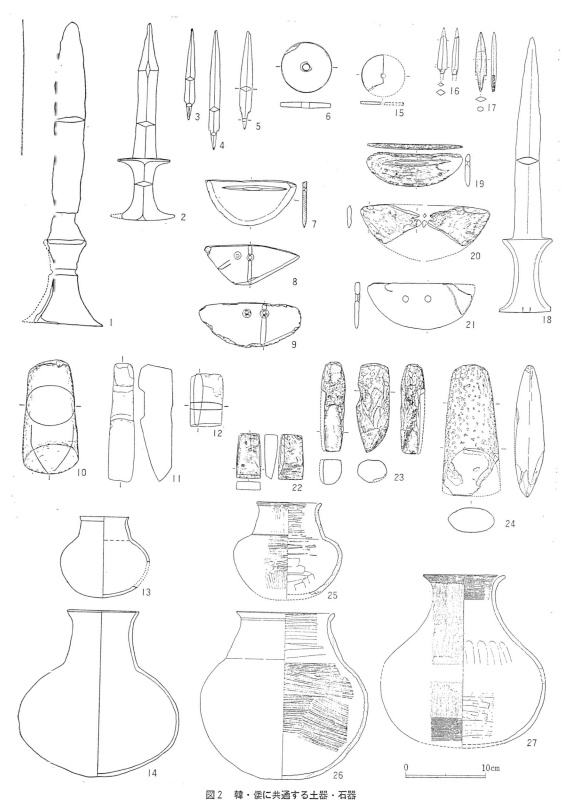

図2 韓・倭に共通する土器・石器

1〜14韓（1・14慶尚北道大鳳洞，2〜4・13慶尚南道外洞里，5・6・8〜12忠清南道松菊里，7慶尚南道泗川（伝））

15〜27倭（15〜17・24・27二丈町曲り田，18対馬加志々，19〜23・25・26唐津市菜畑）

た杭や矢板の加工が鉄器によると判断されるところから，ある程度の普及が予測される。ところが土器や石器と異なり，朝鮮半島南部への鉄器の流入は，現在遺跡で確認されたところでは慶尚南道茶戸里遺跡や慶尚北道朝陽洞遺跡など，併行関係からすれば弥生時代中期後半まで降る状況にある。もちろんそれは確認されたところであって，副葬の韓産と見做される鉄戈の製作技術の成熟度からすれば，当然先行した時期での鉄器文化が存在しようが，証明は将来のものとなる。それにしても認められる列島への鉄器流入時期は中国においても草創期であり，その伝播の早さには驚くべきものがある。しかも朝鮮半島北部の慈江道龍淵洞遺跡などでみられる燕系の鋳造鉄器ではなく，どうやら楚系の鍛造鉄器[8]が主流を占めているらしいことが，注目できよう。

⑦　人そのものの渡来が少数認められ，彼らの残した支石墓によって，その出自が朝鮮半島南部であることを思わせる。

水稲耕作技術の伝播に人をともなったことは，縄文人に対する北部九州弥生人や山口県豊北町土井ヶ浜弥生人など，人骨資料の比較から指摘されている。つまり後者に縄文人とは異なる高顔・高身長の形質が認められるからである[9]。それが人種の交替を意味するのか，あるいは戦後の日本人が体験したような栄養や生活環境の変化によるものかは判然とはしないが，縄文人とは違った人が現われたことは認めてよい。ただ渡来した人びとが思ったよりも少なかったであろうことは，やや時期は降るが，田中良之氏によって論証されている[10]。朝鮮半島南部に出自する人の墓であろうとした支石墓そのものでも，福岡県志摩町新町遺跡の支石墓に埋葬された人骨が低顔・低身長・抜歯という縄文人の特徴をもち，新しい稲作社会に適応しようとした縄文人の姿を彷彿とさせる例が知られている。

⑧　最初期の集落は防塞的な環濠集落を形成する。

⑨　最初期の竪穴住居の平面は方形を呈するが，時折，松菊里型円形住居がみられる。

受容期の集落に環濠集落を形成するものがある[11]ことは，板付・有田遺跡などで知られる。しかし相当の削平を受けたらしく，環濠や貯蔵穴は認められるものの，住居の痕跡を残さない。同時期の曲り田遺跡でみると，住居は方形の平面プラ

ンをとっている。福岡市重留遺跡は詳細が明らかでないが，環濠とその内外に配された住居・貯蔵穴・墓地が検出されている。ここでは方形住居とともに円形住居がみられ，それには松菊里型住居[12]があると報告されている。

環濠集落は華中ルート説の根拠のひとつであった。ところが1990年，韓国慶尚南道検丹里で板付に近い規模の環濠集落が調査され，注目されている。環濠の内外に数期にわたる93棟の竪穴住居があるが，大部分の方形プランの住居に1棟の松菊里型住居が混じっている。住居のほかに支石墓3基があるが，貯蔵施設を欠く。それは忠清南道松菊里遺跡でみると北部九州に多い袋状竪穴である。ジャポニカ種の米が出土している。C[14]の示す遺跡の年代は紀元前715±60年，615±90年であって，菜畑遺跡の数値に近い。

稲作が最初に到達した北部九州で発掘された，以上のような伝播直後の状況を明示する情報にこそ，稲作の伝播ルートはうかがわれるべきであろう。そしてこれらの情報はCの華北ルート，なかでも(a)の山東ルート以外にはことのほか冷たいのが現状である。

3　伝播のルート

1・2でみたように，稲の来た道を考える場合，伝播の道筋になる可能性をもつルートの検討と，到達した列島の受容期の稲作資料の検討が必要である。

Aの華南ルートの根拠は時代性の判断に問題がある。受け入れ側の南西諸島や九州の西海岸にこれを証明する遺構・遺物が希薄な点，ことに近年の沖縄考古学の目覚ましい発展によって，沖縄貝塚時代前期（縄文時代に相当）・後期（その初期が弥生時代に相当）の文化が九州本島系であることが明らかになっている点[13]が，ネックになる。世情をにぎわしたボート・ピープルのごとく，南西諸島に沿って海を北上し，北部九州に上陸したとしても，④あるいは⑤〜⑨を説明できない。

Bの華中ルートの場合，有明海沿岸ではなく，玄界灘沿岸に到達したとすれば成立しそうであるが，実際にはやはり④〜⑨が越えがたい障壁となる。また日朝の稲作は同根の兄弟となるが，朝鮮半島の磨製石器に系譜を求められている初期稲作にともなう石器が中国春秋時代石器の直接流入であることを証明するのは，形態の不一致から不可

能であろう。それでも主張するなら現在知られている弥生時代稲作とは別の稲作文化を考えなければなるまいが，そうした事実を示す資料はない。

これらに対し，Cの華北ルート(a)は情報のすべてに無理なく対応している。たとえば福岡市板付遺跡で調査されている計画的なムラ（環濠集落）と最古の水田は，到達したばかりの水稲耕作技術が中国の宋代にも匹敵するような高レベルのものであったことを物語っている[14]。日本列島に伝播してきた水稲耕作は，水田の造成法や農具の製作・利用法の理解，収穫法・貯蔵法その他もろもろの農事慣行の熟知など，一連の農作業に通じた農民によらなければ不可能な段階のものであった。完備された技術体系からみて，偶然漂流した漁師が異郷の地に広めうるような安易なものではない。

であれば，日本列島にとって祖父母となり，朝鮮半島南部にとって親となる稲作の故地は山東半島一帯が有力な候補となる。だが実のところ，紀元前5世紀前後頃，あるいはそれに先立つ春秋時代頃の山東半島の稲作は比較が可能なほどには明らかでない。したがって，このルートの優越性は1と2の検討から導きだされた論理的帰結であって，実証性を欠くのが現状と言えよう。

ともあれ，入手しうる日本列島の稲作関連資料をみると，総合的にみて直接的な近縁性は朝鮮半島南部にあると理解している。つまり稲の伝播経路としては華北ルート(a)，水稲耕作技術の伝播経路としては朝鮮半島からと考えている。江南文化の影響が日本でみられるのは古墳時代からであり，華中ルートは日本の稲作を効率的なものへと育てていく過程で与えてくれた中国文化の影響力のルートのひとつであって，起源としての稲ないし稲作の伝播のそれではあるまい。華南ルートによる稲作の伝播はさらに後のことである[15]。

註
1) 陳文華「中国の稲作起源をめぐる諸問題」『中国の稲作起源』六興出版，1989
2) 安志敏「長江下游史前文化対海東的影響」考古，1984—5
3) 厳文明「中国稲作農業的起源」農業考古，1982—1・2
　　1)・3) の両論文をはじめ関連する諸論考は，陳文華・渡部武編『中国の稲作起源』六興出版，1989に収録されている。
4) 山崎純男「北部九州における初期水田」九州文化史研究所紀要，32，1987
5) 和佐野喜久生「炭化米が語る弥生の米」呉越の風筑紫の火，1991
6) ①〜⑥については，小田富士雄「北部九州における弥生文化の出現序説」九州大学九州文化史研究所紀要，31，1986，後藤直「弥生時代の開始」MUSEUM，45，1988，沈奉謹「日本弥生文化初期의磨製石器에대한研究」嶺南考古学，6，1989ほかを参考にしている。
7) 上海市文物保管委員会「上海馬橋遺址第一，二次発掘」考古学報，1978—1
8) 川越哲志「金属器の普及と性格」日本考古学を学ぶ，2，有斐閣，1980
9) 中橋孝博・土肥直美・永井昌文「金隈遺跡の弥生時代人骨」『史跡金隈遺跡』福岡市埋蔵文化財調査報告書123，1985
10) 田中良之「いわゆる渡来説の再検討」『日本における初期弥生文化の成立』文献出版，1991
11) 高倉洋彰「稲作出現期の環濠集落」『日本における初期弥生文化の成立』同上
12) 中間研志「松菊里型住居」『東アジアの考古と歴史』中，同朋舎，1987
13) 中村 愿「沖縄の貝塚時代」Museum Kyushu，36，1991
14) 渡部忠世・桜井由躬雄編『中国江南の稲作文化』日本放送出版協会，1984
15) 紙数の都合上，資料に関する文献の引用を割愛している点を，深謝したい。

図3　米作りにいそしんだ弥生人の足跡

特集 ● 稲作農耕と弥生文化

稲作の道具とまつり

稲作にかかわる耕起,収穫,脱穀の道具の形態はどう変遷したであろうか。また稲作の祭りにはどんなものが用いられただろうか

農具の変遷——鍬と鋤／農具の変遷——収穫と脱穀の道具／弥生時代の農耕儀礼

農具の変遷——鍬と鋤

奈良国立文化財研究所
上原真人
（うえはら・まひと）

弥生〜古墳時代の農具の主流は鍬で,鋤は土木具的性格が強かった。
鍬・鋤は身の材質,身や柄の形態,着柄法などによって大別できる

　弥生〜古墳時代における農具の研究は,黒崎直氏が先鞭をつけた。最近では各地の資料が大幅に増え,木製農具の地域差や普及の時期差を明らかにするなど,新たな成果を生みだしている。しかし,いかなる考古資料を扱う場合にも,一地域における集成・分類作業と組成・変遷の検討とが基礎になる。地域差論や伝播論のように,広範な地域を包括する議論が抬頭している時こそ,改めてその基礎作業を行なう必要があるだろう。
　奈良国立文化財研究所では,近畿各府県市町村の御協力を得て,近畿地方で出土した縄文〜古墳時代木器の集成図録を作成中である。以下,その編集の過程で気づいた近畿地方を中心とした弥生〜古墳時代の鍬と鋤の機能分化と変遷を概観する。叙述に際しては,弥生・古墳時代とも前期・中期・後期の3期に区分し,「弥生前期」「古墳中期」のように略称する。また,紙数の都合で具体的な出土遺跡名は割愛し,付図に鍬・鋤の各型式を概念化して示す。概念図なので必ずしも実物に即していないが,図中の番号をもって具体例に代える。

1　鍬の大別

　鍬は身と柄とから成る。以下,身の材質,柄の形態と着柄法,身の形態の3つの属性に基づいて鍬を大別する。鍬身は材質によって,刃先まで木でできた木鍬,刃先だけ鉄でできた風呂鍬,すべて鉄でできた金鍬に大別できる。古墳前期に刃先がフォーク状になった金鍬も出現するが,弥生前期〜古墳前期における近畿地方の鍬は木鍬が主流であり,古墳中期に至ってようやく風呂鍬が一般的になる（21）。以下の検討対象は,原則として木鍬である。
　鍬柄はいずれも木でできている。弥生〜古墳時代の鍬は,柄の形態によって直柄鍬と曲柄鍬とに大別できる。直柄鍬とは身にあけた柄孔に,まっすぐな棒状の柄の頭部をさしこんだ鍬（1〜18），曲柄鍬とは身の上にのびる着柄軸に屈曲した柄の頭部を緊縛した鍬（19〜23）である。着柄法に注目するならば,直柄鍬を柄結合鍬,曲柄鍬を紐結合鍬と呼びかえることもできる。
　曲柄鍬身の一部（20・21・23）を「ナスビ形着柄鋤」と呼び,鋤身と理解する説があった。現在でも,これを鍬・鋤身に兼用したと考える説は根強い。鍬鋤兼用説を否定し去るのは難しいが,原則として鍬身に使用したと考えたほうが,少なくとも近畿地方における鍬・鋤の機能分化や変遷が整合的に理解できる。また,日本の稲作文化は完

成した形で渡来し，様々な農具も初めから機能分化をとげていたことが指摘されている。それを前提に発達した農具が，途中で鍬鋤兼用に逆行したとは，よほどの理由がない限り納得できない。曲柄鍬身を鋤のように着柄した場合，「踏みこむ」機能や「すくう」機能において，同時期に存在した確実な鋤（33・36・37）と比べて著しく劣ることは明らかである。たとえ，鋤のように着柄した曲柄鍬身が出土したとしても，それは「転用」と理解するべきで，鍬鋤「兼用」と考えるのは妥当ではない。

曲柄鍬の柄には，頭部が身の刃先に向って長く屈曲する膝柄（28）と，刃先と逆方向に頭部がそりかえった反柄（29）とがある。年代や共伴例から見て，膝柄は笠部が未発達な曲柄鍬身（19・22），反柄は笠部が発達したいわゆる「ナスビ形農具」（20・21・23）を装着した可能性が高い。両者の相関性はまだ確実とは言えないが，ここでは前者を膝柄鍬，後者を反柄鍬と仮称しておく。曲柄鍬は膝柄鍬と反柄鍬との総称である。

鍬身の形態に関しては，刃先がフォーク状になった鍬（17・18・22・23）を叉鍬と呼ぶのに対し，普通の刃先の鍬（1〜13・19〜21）を平鍬と呼ぶ。直柄平鍬（1〜13）・直柄叉鍬（17・18）の身は，刃先に対して直交方向（上下方向）に木理が通る。また，直柄平鍬身では横幅より縦の長さが長い。これに対し，刃先に平行（左右方向）に木理が通る直柄鍬（14〜16）を，横鍬と呼んで区別する。通常の直柄横鍬は，横幅が縦の長さよりも長い。いわゆる「えぶり」は直柄横鍬に含まれる。

なお，直柄鍬のなかには，身に対して鈍角に着柄したものがある（2・3）。これを「踏み鋤」と理解することもあるが，本稿では鍬に含めて論を進める。また，鋭角に着柄した場合，通常の直柄鍬身は，柄孔周囲に隆起のある面が使用者の反対を向く。例外もあるが，これを「後面」と呼び，刃先を下にして直柄鍬における前後左右上下を表記する。曲柄鍬身では，柄の装着面に密着する面を平坦にしあげているので，それを「前面」と呼び，刃先を下にして同様に位置が表記できる。

2 直柄平鍬の変遷

直柄平鍬が刃幅によって狭鍬と広鍬とに分類できることは先学が指摘している。近畿地方で出土した弥生〜古墳時代の直柄平鍬（未成品を除く）に

おける刃幅の分布は，10〜13cmと19〜22cmの2ヵ所にピークがある。刃幅15cm前後を両者の境界と仮定すると，身の平面形などの属性によって，近畿地方出土の直柄平鍬（1〜13）は，狭鍬4種，広鍬7種の計11型式に細分できる。各型式の説明は省略するが，平面形において狭鍬に固有の形態をとる狭鍬Ⅰ式（1）・狭鍬Ⅲ式（3），広鍬に固有の形態をとる広鍬Ⅰ式（5）・広鍬Ⅲ式（7）・広鍬Ⅴ式（9）・広鍬Ⅵ式（10）・広鍬Ⅶ式（11・12）に対し，狭鍬Ⅱ式（2・13）と広鍬Ⅱ式（6），狭鍬Ⅳ式（4）と広鍬Ⅳ式（8）は平面形の上では各々大差がなく，刃幅の大小で広鍬と狭鍬とに区別できるにすぎない。

広鍬に固有の形態である広鍬Ⅰ式（5）は弥生前期〜弥生中期初頭，広鍬Ⅲ式（7）と広鍬Ⅴ式（9）は弥生中期，広鍬Ⅶ式（12）は弥生後期〜古墳前期に各々盛行する。平面形を見ても，広鍬Ⅰ式→広鍬Ⅲ式→広鍬Ⅴ式→広鍬Ⅶ式という変遷が想定でき，刃幅をほぼ一定に保ちつつ，頭部が小さくなっていったことがわかる。広鍬Ⅵ式（10）は広鍬の序列のなかで主流にならなかったが，広鍬Ⅴ式から派生した形態であろう。この広鍬に固有の序列においては，その大部分の個体で泥除を装着した痕跡がある。

泥除（24〜27）はかつて「丸鍬」と呼ばれ，単体で鍬として機能すると考えられていた。しかし，福岡県那珂久平遺跡において，直柄平鍬と組合って出土し，泥除として機能することが判明した。17世紀後半に成立した農書である『百姓伝記』では，竹で編んだ泥除（停泥）を「鍬笠」と呼んでおり，粘質土の水田で水を張って土塊をくだきこなす時，鍬笠をかぶせると農夫に水どろがかからないで作業が進むと述べている。

近畿地方で出土する弥生〜古墳時代の泥除は4型式に細分できる。このうち泥除Ⅳ式（27）は弥生後期の北陸地方で盛行した形態で，近畿地方では滋賀県のみで出土している。また，泥除Ⅱ式（25）は直柄横鍬に装着したもの（15）で，弥生後期〜古墳中期に属する。したがって，近畿地方における直柄平鍬に装着した主要な泥除はⅠ式（24）およびⅢ式（26）である。泥除Ⅰ式（24）は弥生前・中期に盛行し，泥除Ⅲ式（26）は弥生中期末に出現，弥生後期〜古墳前期に盛行する。

一方，直柄平鍬身にある泥除装着のための装置には，柄孔の左右に小孔を穿ち両側面に小突起を

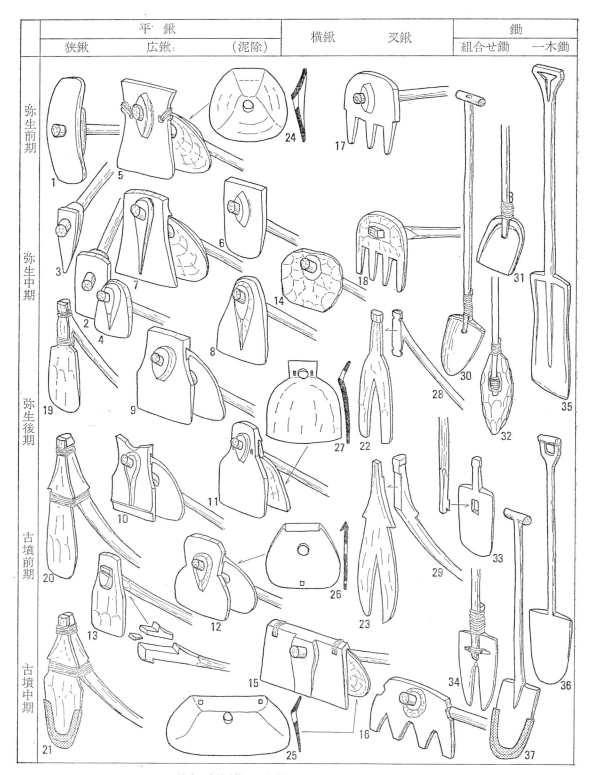

弥生〜古墳時代の近畿地方における鍬と鋤の変遷概念図

1狭鍬Ⅰ式，2狭鍬Ⅱ式，3狭鍬Ⅲ式，4狭鍬Ⅳ式，5広鍬Ⅰ式，6広鍬Ⅱ式，7広鍬Ⅲ式，8広鍬Ⅳ式，9広鍬Ⅴ式，10広鍬Ⅵ式，11広鍬Ⅶ式(北陸型)，12広鍬Ⅷ式，13狭鍬Ⅱ式(九州型)，14横鍬Ⅰ式，15横鍬Ⅱ式，16横鍬Ⅲ式，17・18直柄叉鍬，19膝柄平鍬，20反柄平鍬，21反柄平鍬(風呂鍬)，22膝柄叉鍬，23反柄叉鍬，24泥除Ⅰ式，25泥除Ⅱ式，26泥除Ⅲ式，27泥除Ⅳ式，28鍬膝柄，29鍬反柄，30・31組合せ式屈折鋤，32・33・34組合せ式直伸鋤，35・36一木式直伸鋤，37一木式屈折鋤

つくるもの（5），前面の柄孔直上に突帯をつくるもの（7），前面の柄孔上方に突帯をつくり柄孔の左右に小孔を穿つもの（11），前面の柄孔上方に蟻溝（ありみぞ）を彫ったもの（9・10・12）がある。5・7の装置には泥除Ⅰ式（24）を装着する。5が先行し，弥生前期末に7が出現，弥生中期には7が一般的である。11の装置には北陸型の泥除Ⅳ式（27）を装着する。弥生後期～古墳前期。9・10・12の装置には泥除Ⅲ式（26）を装着する。弥生中期末に出現し，弥生後期～古墳前期に盛行する。なお，付図では広鍬Ⅴ式に泥除Ⅲ式を装着したが，これは広鍬Ⅴ式の末期的様相。これに先行する大部分の広鍬Ⅴ式は，7と同様，前面の柄孔直上に突帯をもち，泥除Ⅰ式を装着する。

以上の泥除装着装置は，一部の広鍬Ⅳ式や狭鍬Ⅱ式にもまれにあるが，基本的には広鍬Ⅰ・Ⅲ・Ⅴ・Ⅵ・Ⅶ式に多い。とくに広鍬Ⅶ式（12）は，ほとんどすべての個体が蟻溝の泥除装着装置をそなえている。なお，泥除Ⅱ式（25）は直柄横鍬に装着した（15）。身の装着装置は前面上端の突帯と上端両脇の小孔で，泥除の形態や装着法は，泥除Ⅰ式（24）とその装着法（5・7）をほぼ踏襲している。盛行年代は弥生後期～古墳中期で，泥除Ⅲ式（26）とほぼ並存している。何故2種類の泥除と装着法が，近畿地方で共存したのか？——考えあぐねていたら，同僚の岩永省三氏が答えを教えてくれた。曰く，泥除Ⅲ式の蟻柄（ありほぞ）と広鍬Ⅴ・Ⅵ・Ⅶ式にみる蟻溝との結合は，きわめて強固で取りはずしも簡単という利点があるが，長い蟻溝を彫ってこれに適合する蟻柄をつくるのは困難。この結合法は，広鍬が刃幅を保ちつつ頭部を縮小したことを前提に成立した。横幅の広い横鍬では，蟻溝・蟻柄で泥除を装着するよりも，両端を紐留めしたほうが工作が容易で，しかも効果的であったろうと。

以上述べたように，直柄平鍬のうちの広鍬は，弥生前期から古墳前期に至るまで，形態的に独自の系譜をたどることができ，泥除を装着するという共通性から，機能的にも連続していたと判断できる。これに対し，近畿地方における狭鍬は，固有な形態をもつ狭鍬Ⅰ式（1）・狭鍬Ⅲ式（3）は弥生中期に終焉し，刃幅だけで広鍬と区別できる狭鍬Ⅱ式や狭鍬Ⅳ式を含めても，弥生後期以降に属する狭鍬はほとんどない。まれに刃幅15cm以下の直柄平鍬もあるが，それらは泥除装着装置を

もつ広鍬の再利用品や，柄孔が方形の九州系直柄鍬（13）である。要するに，近畿地方の直柄平鍬においては，狭鍬は弥生中期で消滅する。

狭鍬と広鍬との識別は，鍬の機能分化を理解するために提起された。その一方が早々と終焉してしまうのは，一見不可解に思われる。ここで登場するのが曲柄鍬である。

3 曲柄鍬の変遷

曲柄鍬には笠部が未発達な膝柄鍬（19・22）と笠部が発達した反柄鍬（20・21・23）とがあり，前者から後者へ移行したことは町田章氏がすでに指摘している。近畿地方では，膝柄鍬は弥生中期に出現し古墳前期まで存続，反柄鍬は弥生後期に出現し奈良時代まで存在が確認できる。また，近畿以東における膝柄鍬から反柄鍬への移行時期差に関し，樋上昇氏の研究がある。本稿では曲柄鍬身の細分は割愛し，主に刃幅に注目して，近畿地方における膝柄鍬から反柄鍬への流れを機能論的立場で概観する。

膝柄平鍬（19）および鉄刃装着痕跡のない反柄平鍬（20）の刃幅は，9～11cmをピークとする正規分布をなし，直柄平鍬における狭鍬の刃幅を継承している。身や柄に泥除を装着した痕跡がない事実も，機能的に狭鍬と連続することを示す。ところが，鉄製U字形刃先を装着した痕跡をもつ反

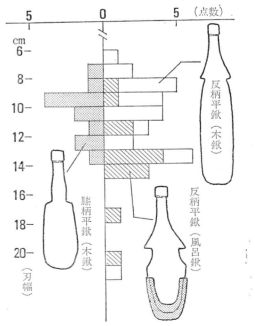

表1　近畿地方における曲柄平鍬の刃幅の分布
（弥生～古墳時代）

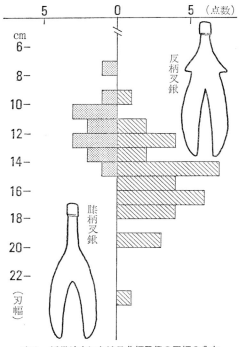

表2　近畿地方における曲柄叉鍬の刃幅の分布
　　　　　　　　　　　　（弥生〜古墳時代）

柄平鍬（21）の刃幅は 14〜15cm 付近に集中し，鉄刃の装着が一般化すると，刃幅が大きくなったことがわかる。ここでは，鉄刃装着で威力が増し，刃幅を広げることが可能になったと解釈したい（表1）。

一方，曲柄叉鍬には平鍬とやや異なった傾向がある。膝柄叉鍬（22）の刃幅は 10〜13cm をピークとする正規分布をなし，膝柄平鍬（19）の刃幅より若干広い。しかし，反柄叉鍬（23）の刃幅は 14〜16cm をピークとする正規分布をなし，著しく大型化している（表2）。以上の事実から次の推論が生まれる。曲柄平鍬と曲柄叉鍬とは明確な法量差のもとに製作しており，曲柄平鍬の刃先をフォーク状に加工すれば曲柄叉鍬になるというわけではなかった。つまり，曲柄鍬における平鍬と叉鍬との形態差は，きわめて明確な目的意識（機能差）のもとで成立していた。とくに，膝柄鍬から反柄鍬への移行においては，叉鍬の法量拡大が変遷を促したひとつの原因であった可能性が強い。

要するに，曲柄鍬は直柄平鍬における狭鍬機能を継承したが，それにとどまるものではなかった。膝柄平鍬（19）が出現した弥生中期から，膝柄叉鍬（22）が何らかの機能差のもとに共存していた。その後の曲柄鍬の変遷には2つの画期があった。第1の画期は，弥生後期における反柄鍬（20・23）の出現である。この画期では叉鍬の刃幅が拡大する。第2の画期は，古墳中期における反柄平鍬の風呂鍬化（21）である。ここで平鍬の刃幅が拡大し，弥生前期以来の刃幅による狭鍬と広鍬との区別は解消する。

上述した第2の画期は，別の重要な変革をともなった可能性がある。すなわち，反柄平鍬の系譜は7〜8世紀までたどれるのに対し，反柄叉鍬および泥除を装着した直柄平鍬（広鍬）には，古墳中期以降の事例がほとんどない。古墳中期以降の出土農具は，古墳前期までに比べて絶対量が少ないので，今後，事実関係をさらに確認していく必要があるが，反柄平鍬に鉄製U字形刃先がついた結果，反柄叉鍬や泥除を装着した広鍬の存在意義がなくなったとは考えにくい。筆者はその契機として，畜力を使った馬鍬（代掻き）の導入を想定している。つまり，弥生前期から古墳前期に至るまで，水田の耕起には狭鍬（1〜4・13・19・20）や広鍬の一部（6・8）を用い，掘り起した土塊をくだくのに叉鍬（17・18・22・23），水を張った状態で土塊をさらに細かくこなし表面を均すのに泥除をつけた広鍬（5・7・9〜12）を用いた。しかし，古墳中期以降，馬鍬の導入によって，土塊をくだきこなす人力農具の使用範囲が狭まった。すなわち，耕起には鉄製U字形刃先のついた反柄平鍬（21）を用い，水を張って掘り起した土塊を馬鍬で細かくこなし，横鍬（15・16）で表面を均すという方式が主流になった，と筆者は想像している。

4　鋤の機能と変遷

弥生〜古墳時代の農具の主流は鍬で，鋤は土木具的性格が強い。方形周溝墓のまわりから鋤がよく出土するのも，その表われである。もちろん，耕起には鋤も威力を発揮するが，掘り起した土塊を細かくする作業に鋤はむかない。また，掘り起した土をすくい移動させることは，鍬にはない鋤の重要な機能である。

鋤も身と柄とから成り，身の材質，身の形態，柄と身のつきかたなどで大別できる。まず，身の材質に関しては，木鋤・風呂鋤・金鋤に大別でき，古墳中期以降に鉄製U字形刃先を装着した風呂鋤（37）が一般化する点は鍬と同様である。ただし，刃幅はそれ以前の木鋤と大差がなく，反柄平鍬とは異なり，鉄刃装着にともなって刃幅は拡

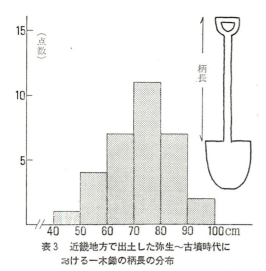

表3 近畿地方で出土した弥生〜古墳時代における一木鋤の柄長の分布

大しない。当初、木鋤の刃幅に合せて鉄製U字形刃先を作り、その鉄刃幅に合せて反柄平鍬の刃幅を拡大した可能性もあるが、風呂鋤の普及が風呂鍬に先行した証拠はない。以下、原則として木鋤が検討の主な対象となる。

鋤身の形態に関しても、鍬身の場合と同様、普通の刃先の平鋤（30〜33・35〜37）とフォーク状になった叉鋤（34）とに大別できる。北九州や山陰地方には、入念に作った三叉鋤や四叉鋤もあるが、近畿地方の叉鋤は二叉鋤ばかりで絶対量も少ない。しかも、その形態は平鋤の刃先を二次加工したように思われる（34）。法量的にも、叉鋤の刃幅は平鋤の刃幅が分布する範囲内で散在する。つまり、弥生〜古墳時代の近畿地方では、平鍬と叉鍬は形態的・法量的に明確に異なり、製作当初から機能差を意識しているのに対し、平鋤と叉鋤との間ではその意識が稀薄であった。叉鋤の絶対量が少ないことも、農具や土木具の体系において確たる位置を占めていなかったことを示す。したがって、以下、平鋤を中心に論を進める。

柄と身のつきかたに関しては、2種類の属性で大別する必要がある。ひとつは柄と身の材が一緒か否かという属性で、柄と身が別の材から成る組合せ鋤（30〜34）と、ひとつの材から成る一木鋤（35〜37）とに大別できる。もうひとつの属性は、側面から見た時に柄と身とがなす角度で、ほぼまっすぐな直伸鋤（32〜36）と鈍角をなす屈折鋤（30・31・37）とに大別できる。

弥生前〜中期の組合せ鋤は、原則として屈折鋤であった（以下「組合せ式屈折鋤」のように略称する）。その鋤身を側面から見ると、着柄軸と刃部とが鈍角をなし、刃部には着柄軸の延長上に柄孔があく（柄孔は必ずしも貫通しない）。柄はまっすぐな棒状をなし、下端を柄孔にさしこみ、その上を着柄軸にそえて緊縛する（30・31）。この種の鋤身はつくりが入念で、刃部横断面は後面（使用時に使用者と反対を向く面）が内弯し、いかにも土をすくいとるのに適した格好をしている。なかには、刃先以外の刃部周縁が立ちあがり、肩が丸味を帯び、踏みこんで掘削する道具としては不適当な形態のもの（31）もある。つまり、弥生前〜中期に主流をなす組合せ式屈折鋤は、掘削具と言うよりも、土をすくい取る機能にすぐれていた可能性が強い。これは刃幅と柄の長さという別の属性でも証明できる。

一木鋤の刃幅は15〜17cmをピークとする正規分布をなし、20cmを越えるものは少ない。これに対し、組合せ式屈折鋤の刃幅は16〜20cmの間に集中し、20cmを越える例も少なくない。つまり、組合せ式屈折鋤は他の鋤よりも刃幅が広い。これは刃部後面が内弯することとともに、土をすくい取る機能を意識した属性と考えられる。

また、一木鋤の柄長（柄の把手の上端から身の上端までの長さ）は70〜80cmをピークとする正規分布をなし、1mを越える例は皆無である（表3）。一方、組合せ式屈折鋤で完存する柄を装着したまま出土した例はまれであるが、柄だけの完存例や不完全ながらも柄を長く残す例を勘案すると、柄長1m前後のものが半数以上を占める可能性が強い。鋤身の肩を踏んで刃先を土にくいこませる場合、柄長は70cm前後が手ごろで、長すぎると扱いにくい。しかし、土をすくい取って遠くにはねのける作業では、柄長が長ければ、それなりのメリットがある。

さらに、身に対して柄が鈍角にとりつくという屈折鋤の特徴自体も、土をすくい取る機能に関係があるかもしれない。古代中国では風呂鋤のことを耒耜と呼ぶ。耒は柄、耜は鉄の刃先で、刃先をはめこむ台を庛あるいは𧘂という。『周禮』冬官考工記には「堅地欲直庛，柔地欲句庛，直庛則利推，句庛則利發」と記す。要するに、直伸鋤は堅い土を掘るのに適し、屈折鋤は軟い土をはねのけるのに適しているという意味であろう。

弥生前〜中期の組合せ鋤身は、側面から見た着柄軸と刃部とが鈍角をなすのに対し、弥生後期以降の組合せ鋤身は両者が直線をなす。その着柄法

には，刃部に双孔を穿ち，着柄軸部と合せて2カ所で緊縛する例（34）もあるが，普通は刃部中央に方形の柄孔をあけ，柄の下端前面に出柄を作りだして結合し，着柄軸部で緊縛する（33）。付図（33）のような柄に装着すれば直伸鋤になるが，実際には柄が屈曲していて，着柄すると屈折鋤になる場合もある。なお，刃部に双孔を穿ち，2カ所で紐結合する細身の「鋤身」（32）は弥生中期初頭から存在する。ただし，この種の「鋤身」は針葉樹でできている例もあり，「刃先」が尖っている点，近畿地方では大阪湾沿岸と琵琶湖沿岸に分布が集中する点などから，櫂の可能性がある。また，芋本隆裕氏は膝柄に装着する鍬身の可能性を指摘している。

　いずれにしても，弥生前〜中期に主体を占めた組合せ鋤は弥生後期以降は減少し，主体を一木鋤にゆずる。弥生前期〜弥生中期初頭の一木鋤は直伸鋤で，全長が長く，身の後面周縁が立ちあがり，やはり土をすくい取るのに適した格好をしている（35）。しかし，その絶対量は組合せ式屈折鋤に比べて少ない。弥生中期中葉以降，一木鋤の増加にともない，一木式屈折鋤も現われるが，一般的になるのは古墳時代になってから（37）。古墳中期には，一木鋤における屈折鋤と直伸鋤（36）の量は，ほぼ伯仲する。

　以上に概観した弥生〜古墳時代の近畿地方における鋤の変遷像には，まだ検討の余地が多く，これをもとに鋤の機能論を展開するのは時期尚早である。しかし，筆者は，弥生前〜中期の鋤は土をすくい取りはねのける点に機能の主眼があり，弥生中期以降，現代のスコップと同様，肩を踏んで刃先を土にくいこませ，次の動作で土をはねのけるという機能が重視されるようになったと想像している。

　かつて，アフガニスタンで発掘に参加した時，作業員の使うスコップの柄が異常に長いことに眼をむいた。さらに驚いたのは，彼らは土を掘ろうとはせず，別の作業員がツルハシで砕いた土をすくい取ることに専念していた。何という非能率！業を煮やして日本の短い柄のスコップを握り，踏みこもうとしたが堅くしまった土には文字通り刃が立たない。結局，彼らの作業段取が合理的と納得した。

　その眼で弥生前〜中期の狭鍬（1・2）を見れば，これはまさにツルハシではないか。見るからに頑丈な鍬身（1）を，先学が「開墾具」と呼んだのも肯定できる。しかし，弥生中期にこの種の狭鍬は姿を消し，曲柄平鍬（19）が狭鍬的機能を継承する。しかし，曲柄鍬身はいずれも薄い板でできており，ツルハシ的機能まで継承したとは考えられない。さらに，一方では，鋤は単にすくい取る機能から，踏みこみ，すくい取る機能を強めていく。

　弥生時代の木製農具に関し，弥生前〜中期には入念かつ頑丈に作られていたのに，弥生中期後半以降，貧相なものに代っていくという指摘がある。しかし，これを退化現象として消極的に評価するのは正しくない。作りが入念であるのは，逆に言えば，作るのに過剰な手間をかけていることを示し，頑丈にみえる厚手の農具は，逆に言えば，作業する者には重く疲れやすい道具なのである。『百姓伝記』巻5の「農具・小荷駄具揃」においては，損じにくい丈夫な農具を勧める一方で，不必要に頑丈な農具を排し，適材適所，作業能率がよく「くたびれ少ない」農具の必要性をくりかえし述べている。こうした改良を弥生人が加えなかったはずがない。退化現象にみえる木製農具の変遷も，基本的には不必要に入念な部分や不必要に頑丈な部分を排除していった結果と理解すべきであろう。広鍬が刃幅を一定に保ちつつ，頭部を縮小していったのはその好例である。鋤機能の変遷も，他の農具や土木具の変遷と連動させれば，同様の視点から理解できると思う。

参考文献

　芋本隆裕『鬼虎川の木質遺物―第7次発掘調査報告書　第4冊―』東大阪市文化財協会，1987

　金子裕之「調査研究彙報・『エブリ』型農具の再検討」『奈良国立文化財研究所年報1987』1988

　黒崎　直「木製農具の性格と弥生社会の動向」考古学研究，16―3，1970

　黒崎　直「くわとすき」『弥生文化の研究』5，1985

　黒崎　直「西日本における弥生時代農具の変遷と展開」『日本における稲作農耕の起源と展開―資料集―』日本考古学協会静岡大会実行委員会，1988

　河野通明「馬鍬の伝来―古墳時代の日本と江南―」列島の文化史，7，1990

　樋上　昇「木製農耕具の地域色とその変遷―勝川遺跡出土資料を中心として―」『年報昭和63年度』愛知県埋蔵文化財センター，1989

　福岡市教育委員会『那珂久平遺跡Ⅱ』1987

　町田　章「ＳＤ6030出土木製品の検討」『平城宮発掘調査報告Ⅹ』1981

農具の変遷──収穫と脱穀の道具────

西宮市教育委員会
合田茂伸
（ごうだ・しげのぶ）

弥生時代には材質，形状の異なる収穫具が各地に発達したが
稲の基本的な収穫，脱穀法は大きく変化しなかったであろう

稲は収穫，脱穀（脱粒，脱ぶ，搗精）を経て，米となる。これらの作業は，作物としての稲の栽培の過程のなかでは，最終過程にあたり，食糧としての米の食品化，食物化という調理の過程[1]のなかでは，最初の過程にあたる。すなわち，稲の収穫，脱穀に，稲の食糧化の過程であるということができる。

本稿では，以上の食糧化加工過程にそって，収穫具，収穫補助具および，脱穀具についてその変遷を述べる。

1 収穫具

弥生時代の収穫具には，いわゆる石庖丁，打製石庖丁，石鎌，鉄製摘鎌など数種がしられる。収穫具の研究は石庖丁の型式論・分布論，あるいは生産と流通に関する議論を中心に，ほかの石製収穫具や鉄製・木製収穫具に拡大して進められてきた。

ところで，用語としての（石）庖丁は，森本六爾氏の考究[2]以来，石庖丁すなわち穂摘具を表わす述語として頻繁に用いられてきた。そのため，打製石庖丁，貝庖丁，木庖丁のように転用されることがある。それらは，石庖丁形貝製品，石庖丁形木製品などと改称すればより正確な述語となろうが，打製石庖丁などは言い替えが困難である。「石庖丁」の字義と語義のくいちがいが原因である。また，各種「石庖丁」がすべて穂摘具であると結論づけられたものともいえない。したがって，本稿では暫定的に広く使用される用語を用いることにするが，将来，より合理的な呼称が与えられるべきである。

弥生時代前期（I期）の収穫具

縄文時代晩期末，北部九州地方に外湾刃半月形有溝・双孔石庖丁が出現する。磨製石鎌が少数これに伴う。有溝石庖丁は九州地方に分布するが，外湾刃半月形双孔石庖丁は青森県から鹿児島県の範囲に分布を拡大してゆく。外湾刃半月形石庖丁は，かつて，その直接の故地を華中・揚子江下流域に求めようとすること[3]があったが，弥生時代初期の石器群全体の検討[4]や，外湾刃有溝石庖丁の類例の追究[5]，同時代の揚子江下流域における収穫具との比較[6]などから，朝鮮半島に直接の祖形をもとめることが妥当となっている。外湾刃石庖丁のほか，杏仁形石庖丁も前期のうちに現われる。そのほか，前期後半には，西日本ではいわゆる大形石庖丁が出現する[7]。縄文時代後・晩期の九州地方には大分県・熊本県を中心に打製石庖丁および，打製石鎌が存在する[8]。

弥生時代中期（II，III，IV期）の収穫具

II期以降，収穫具とくに磨製石庖丁の形状には地域ごとの特色が顕著になるいっぽう，各地で有抉打製石庖丁が出現する。九州地方では，外湾刃半月形双孔石庖丁のほか杏仁形がその数を増し，直線刃半月形が出現する。中期後半期には，北部九州地方に磨製石鎌に替わって大形鉄鎌が出現する。中・四国地方には磨製石庖丁が広範に分布するが，岡山県南部，香川県では，I期末に打製石庖丁が出現し，II期以降急速に双孔石庖丁にとってかわる。ただし，双孔石庖丁はIV期にもわずかに残存する。打製石庖丁のうち両端に抉りを有するものは徳島県，愛媛県東部，高知県北部，広島県東部の範囲まで分布しているいっぽう，愛媛県，高知県の一部には，局部磨製の石庖丁がある[9]。近畿地方では，II期には，依然，双孔外湾刃半月形石庖丁が主流であるが，直線刃半月形，直線刃方形，杏仁形とともに，内湾刃形がみられるようになる。III期，IV期にはこの石庖丁の大部分が背部の湾曲する，直線刃半月形，杏仁形および，内湾刃形となり，この地方における磨製石庖丁型式の特徴となる。ただし，内湾刃は石庖丁の使用の結果摩滅変形したものであると考えられることがある[10]。打製石庖丁が少数みられるが，瀬戸内地方にくらべてやや小形で，抉りが一方にのみある型式が多い。大阪府池上遺跡出土例のような小形石庖丁もみとめられる。III期には双孔木製穂摘具が存在することがわかっている。中部地方

図1 収穫具の諸形式

の一部には，小型単孔石庖丁，小型打製石庖丁が盛行する。東北地方には磨製石庖丁が普及する[11,12]。この石庖丁は，幅が狭く長さの長い，双孔磨製杏仁形石庖丁が多数で，特徴ある形状をなす。有抉打製石庖丁もみられる。東部東海，関東地方には，磨製石庖丁は依然，少ない。三浦半島周辺地域では，双孔の石庖丁形貝製品が磨製石庖丁に代わる穂摘具と考えられることがあったが，その分布がきわめて狭い範囲に限定されていることから，海産物の収穫に関する道具ではないかという意見もあり，石庖丁代替案は疑問視されてきた[13]。関東地方には，いわゆる横刃形石器とよばれる，礫面を片面に残して簡単な調整で刃部・背部を整形したスクレイパーがある。最近，穂摘具ではないかと考えられるようになった[14]が，依然，石製穂摘具が少ないことにかわりはない。

弥生時代後期（Ⅴ期）の収穫具

各地で，石製の収穫具が減少するが，収穫具の交替状況や石器の衰退状況は一様ではない。北部九州地方を中心として，大・中・小の鉄鎌が存在する[15,16]とともに，後期後半期には鉄製手鎌（摘鎌）が出現する[17]。中部瀬戸内地方では，中期に盛行した打製石庖丁は徐々に減少する傾向にある。近畿地方およびその周辺地域では，石庖丁は急激な減少を示す。これを補完するように，北陸，近畿，中国地方では石庖丁形木製品が盛行し，古墳時代にも相当数存在するようである[18]。この期間にも，東部東海・関東地方には石庖丁はあまりみられず，中期同様の状況である。中部地方の一部には，中期後半に成立した石器群中の小型単孔石庖丁および小型打製石庖丁が存続し，一部は5世紀前半期まで残存する[19,20]。東北地方では杏仁形石庖丁が多数を占め続ける。

弥生時代収穫具の特色

双孔磨製石庖丁は巨視的にみれば，北部九州地方，近畿地方，東北地方に集中して分布している。それら3地域にはそれぞれに核となる石材産出地と石庖丁生産集落跡がみとめられ，農耕文化としての石庖丁とそれを生産する技術の不可分な関係，さらに流通させる社会組織の存在を推定させる。一定の分布地域を有する中部瀬戸内地方の打製石庖丁のありかたにも同様の背景をみとめうる。定型的な石庖丁をもたない関東地方との差異もこのことにもとめられようか。中期には，各地域で特色ある形状をなす双孔磨製石庖丁が現わ

れ，盛行する。北部九州地方を中心とした地域では，石鎌に続いて鉄鎌が現われるが，収穫具全体に占める比重は小さい。後期には，双孔磨製石庖丁の減少と連動して，九州地方に摘鎌がそれ以外の西日本に木製穂摘具が普及する。これは最近指摘されるように，上記の石庖丁生産をめぐる技術の体系の変化と，稲の収穫法の変化とは同時に起こっていないことを示している[17]。

2 収穫補助具

収穫補助具には，田下駄，田舟がある。いずれも近代までいわゆる深田でもっぱら用いられた道具である。

田下駄は，大場磐雄氏[21]，後藤守一氏[22]の論考によって弥生時代遺物としての研究がはじまった。とくに，後藤氏の論考はその分類と方向性において今日の研究の基礎となっている。その後，木下忠氏は民具学的研究によって「大足」を田下駄から分離し，水田農耕全体のなかに田下駄，大足を位置づけた[23]。最近では，兼康保明氏が総括的な研究を行なっている[24]。ここでも，大部分を兼康氏の論文に負っている。なお，「田下駄」とした場合は水田での使用を予測できる板状のはきものを指し，ナンバ，タゲタなどと記した場合は，形態にもとづく分類の呼称を指すことにする。また，木下氏の研究によるなら，代踏みに用いられたとするオオアシは収穫補助具には該当しないが，本項で取り扱う。田下駄は弥生時代に属するものとしては80例ほど出土している。兼康氏分類によれば，Aナンバ（単純横長田下駄），B輪かん付ナンバ，Cタゲタ（単純縦長田下駄），Dオオアシ（輪かん付，枠付縦長田下駄）に分けられる。現状では，ナンバの出現がもっとも早く前期に出現する（大阪府恩智遺跡）。中期後半（Ⅲ～Ⅳ期）にタゲタ，後期にオオアシ，輪かん付ナンバが現われる。それらの出土地域を勘案するなら，ナンバ，タゲタは大阪河内平野を起源地として中期後半（Ⅳ期）に定着し，東西に拡散してゆく状況をみてとれるが，資料数が少なく現状では不明といわなければならない。ただ，後期には，オオアシを含めて田下駄の諸型式が揃い，ナンバの一部には地域の特色ある型式も認められる（静岡県登呂遺跡，山木遺跡）。

田舟は各地でそれと考えられる木製品が散見されるが，槽や舟との区別が曖昧なまま，用語がひ

とり歩きしている。ここでは田舟である可能性のある木製品をとりあげ，その諸型式について若干記す。

田舟と考えられる木製品には，次の4型式がある。第1は，丸木舟と同形小形のもの。第2は山木遺跡で注目された両木口に把手状の突起を作り出すもの。第3は鳥取県池ノ内遺跡出土例に明かな，木口に縄掛け用と思われる孔をうがつもの。第4は大型の槽あるいは盤とよばれる木製容器と同形のもの。このうち，第1，第4のものは田舟であるか否かの識別が困難であるが，第1のうち小形で乗用に適さないものなどはあるいは田舟であるかもしれない。第2，第3のものはその形状から，ひとは舟の外にあって内容物を運搬するに適するであろう。その年代は後期～古墳時代前期に属するものが多い。これら容器状の木製品は食糧加工のための直接的な道具としての可能性があり，今後，内外面の使用痕跡の調査などにもとづく研究が必要である。

田下駄，田舟は，湿田あるいは深田で用いられる収穫補助具であるが，いずれも後期にその出土数を増やす遺物である。それらが出土する地域における後期の湿田・深田での農耕技術の発達と密接な関係があろう。

3 脱穀具

弥生時代の脱穀具には，竪杵，竪臼がある。しかし，杵・臼は食料資源を食糧化・食品化・食物化する幅広い加工用具である。食料加工以外に用いられることもあり，絵画資料や民俗例などによる検証によってその用途を限定してゆく必要がある。弥生時代遺跡から出土する杵・臼はいずれも木製品であって，いわゆる，石杵・石臼はみられない。したがって，弥生時代には蔵石，台石以外では，蔵打による食料加工用具は木杵・木臼に限られる。筆者はかつて杵と臼について述べたことがある[25]ので，若干の資料を追加しつつ，概観する。

杵には，竪杵と横杵がある。

出土竪杵は，最大直径 15cm，長さ2mを越えることはなく，中央部の細い握部と両端の搗部よりなる「細腰杵」である。出土数は，破片資料や古墳時代以降のものを含めると100を越えるであろう。出土竪杵は，しばしば指摘されるように，握部付近の形状におよそ4種類をみとめることが

できる。Aは握部中央に算盤玉形の凸帯を有するもの。Bは握部に糸巻形の工作があるもの。Cは握部を搗部にくらべて細く作るもののうち，搗部と握部の境が不明瞭なもの。Dは握部を細く作り，搗部との境が明瞭なもの。

Aは典型例として，前期の奈良県唐古・鍵遺跡出土例がある。全長約107cmである。最も年代が遡る資料は，佐賀県菜畑遺跡，里田原遺跡出土のものである。中期には大阪府瓜生堂遺跡，愛知県朝日遺跡，宮城県中在家南遺跡などから出土している。後期から古墳時代前期に属する例は，東日本で多く出土している。静岡県伊場遺跡，群馬県新保遺跡，宮城県富沢遺跡出土例がそれである。伊場遺跡例（83cm）を除いて全長はいずれも1m前後である。BはA同様，前期より存在する。菜畑遺跡，大阪府安満遺跡，東奈良遺跡に前期に遡る資料がある。中期には，大阪府池上遺跡，瓜生堂遺跡などにみられるほか，福岡県拾六町ツイジ遺跡，原深町例によれば後期から古墳時代におよぶ可能性がある。Cは後期に出現し古墳時代以降にも存続し，圧倒的多数を占めるようになる。A，Bに較べ，出土数は増加する。各地に出土するが，登呂遺跡出土例（67cm），山形県嶋遺跡出土例（61cm）のようにより短い竪杵がみられるようになる。Dは弥生時代の竪杵にはみられない。出土資料では，広島県草戸千軒町遺跡例が早く，14・15世紀には出現していることがわかる。鎌倉時代後期ごろの絵画資料に『直幹申文絵詞』，『春日権現験記絵巻』がある。

竪杵には少数ながら，装飾的な加工を施したものがある。大阪府鬼虎川遺跡出土のBには両搗部に沈線による鋸歯文および平行線文がある。Aには鬼虎川遺跡，安満遺跡，拾六町ツイジ遺跡，新保遺跡出土例のように，両搗部に幅の広い凸帯や一条の沈線を巡らせたものがある。A，Bは西日本ではしだいにCにとって替られるが，東北日本ではAがその形状を保ったまま，後期まで存続する。竪杵の長さは分類，地域，年代によって若干の変動がある。それぞれに統計をとると，竪杵の長短にはA＞B＞C，西日本＞東日本，前期＞中期＞後期＞古墳時代，という傾向がある。前期，中期には比較的長いA，Bが，後期以降は比較的短いCが多いためである。

横杵状の木器は弥生時代の遺跡からは，わずかに辻田遺跡，赤井手遺跡など後期末の若干例が北

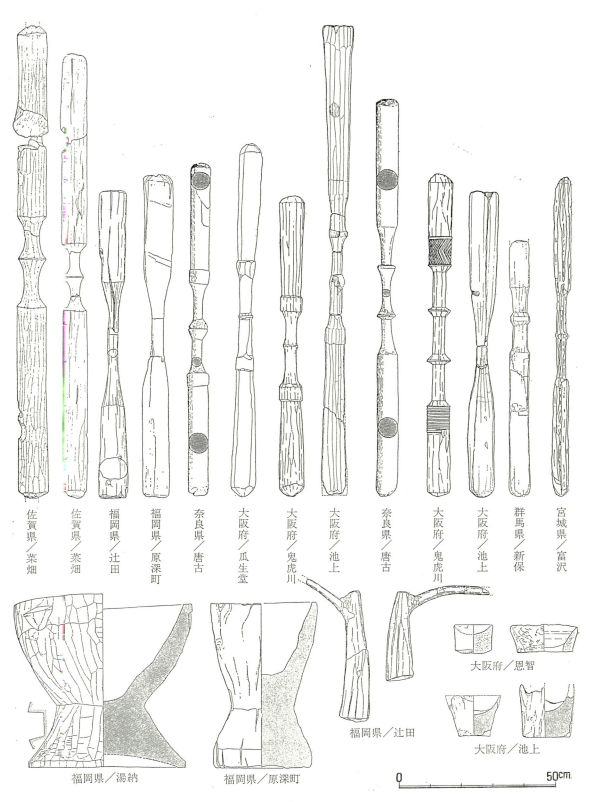

図2 杵と臼

部九州地方を中心として出土しているにすぎない。幹の枝分かれ部分を利用した一木づくりで，後世の組み合わせ式の横杵とは異なる。ただ，そのサイズからみると20〜30cm以上の深さの竪臼とは，対になることはむずかしい。

竪杵と対をなす臼には竪臼と横臼がある。現在も東南アジア島嶼部に広く分布する横臼は，形状において槽，盤とされる出土木製品に似るが，横臼とされる報告例を知らない。

弥生時代の竪臼は小形臼を含めると30例を越える。年代が下るにしたがい，漸増する傾向にある。大形臼は口径，高さとも50cm前後，小形臼は口径20cm，高さ15cm前後の大きさである。大形臼はいずれもくびれ臼である。小形臼は深い鉢状をなし，底部が分厚い。両者とも搗き減りが顕著である。銅鐸ほかの絵画資料や中国出土資料から考えると，脱穀，搗精作業は大形臼が竪杵と対になる可能性があり，小形臼は調理のような作業に用いられたものと思う。しかし，出土臼がすべて小形臼である遺跡（大阪府池上遺跡16点，恩智遺跡7点）があり，即断はできない。脱穀時に杵臼とともに用いられる風選のための道具として，箕がある。唐古・鍵遺跡に弥生時代前期例，奈良県纒向遺跡に古墳時代前期例がある。

4 弥生時代の収穫と脱穀

弥生時代前期には，実質的には外湾刃石庖丁が稲を穂摘み，穂刈りする唯一の収穫具であったが，中・後期には同一の用途でありながら，異なる形状，材質の収穫具が各地に発達する。九州地方に出現する鉄製摘鎌も，農耕技術の面からはこの延長線上にある。弥生時代，古墳時代をつうじて竪杵と竪臼による脱粒が普遍性を有していることから，収穫法は穂摘み，穂刈りが継続していると推定できる。古墳時代鉄鎌の研究によれば，後期後半に出現した稲刈り用の鎌が普及し，根刈りが完全に定着するのは11世紀という[16]。

田下駄，田舟からみた湿田，深田稲作の拡大は，弥生時代後期にもとめられる。

東日本のなかでも東北地方には，双孔磨製石庖丁が定着普及し，西日本では前，中期に盛行する形状の竪杵が後期まで主体的に存続する。

本稿では，石庖丁形鉄製品や木鎌あるいは稲藁にかかわる槌と台石，磨製石庖丁不在の東海地方における石製耕具と不定形刃器の関係，東アジア

の収穫，脱穀技術との比較など多くの問題についてふれることができなかった。ご寛容願いたい。

註

1) 山口伴昌「台所と炊事用具の歴史」『週刊朝日百科 世界の食べもの』114，1983
2) 森本六爾「弥生式文化と原始農業問題」『日本原始農業』1933
3) 石毛直道「日本稲作の系譜（上）（下）」史林，51—5，6，1968
4) 下條信行「九州における大陸系磨製石器の生成と展開」史淵，114，1977
5) 下條信行「東アジアにおける外湾刃石庖丁の展開」『鏡山猛先生古希記念古文化論攷』1980
6) 飯島武次『中国新石器文化研究』1991
7) 西川卓志「弥生時代の大形石庖丁について一大阪市瓜破遺跡出土資料の占める位置一」大阪の歴史，33，1991
8) 高木正文「縄文時代の収穫用石器一打製石庖丁と打製石鎌について一」『鏡山猛先生古希記念古文化論攷』1980
9) 平井典子「中・四国における弥生時代の石器について」考古学ジャーナル，290，1988
10) 小林行雄「石器類」『大和唐古弥生式遺跡の研究』1937
11) 須藤隆・阿子島香「東北地方の石庖丁について」『日本考古学協会第51回総会研究発表要旨』1985
12) 野本孝明「東日本の磨製石庖丁」國學院大學考古学資料館紀要，5，1989
13) 神澤勇一「貝製穂摘具」『弥生文化の研究』5，1985
14) 熊野正也・黒沢浩「関東・東北の弥生石器」考古学ジャーナル，290，1988
15) 松井和幸「鉄鎌」『弥生文化の研究』5，1985
16) 寺沢薫「収穫と貯蔵」『古墳時代の研究』4，1991
17) 寺沢知子「鉄製穂摘具」『弥生文化の研究』5，1985
18) 工楽善通「木製穂摘具」『弥生文化の研究』5，1985
19) 神村透「中部の石器一中部高地を中心に一」考古学ジャーナル，290，1988
20) 小林正春「石器の終わる時」季刊考古学，35，1991
21) 大場磐雄「木器」『登呂』1949
22) 後藤守一「木器」『登呂 本編』1954
23) 木下忠「田植と直播」『日本考古学の諸問題』1964
24) 兼康保明「田下駄」『弥生文化の研究』5，1985
25) 合田茂伸「弥生時代の杵と臼」『網干善教先生華甲記念考古学論集』1988
（紙面の都合上，報告文献は割愛した。）

弥生時代の農耕儀礼

国立歴史民俗博物館
設楽博己
（したら・ひろみ）

古墳時代の狩猟文鏡，縄文土偶の系譜をひく土偶形容器という，弥生時代
をにさむ時代とかかわりをもつ遺物から，弥生時代の農耕儀礼を照射する

1 農耕儀礼研究の視点

儀礼とは，ある目的を成就することを願っておこなわれる，形式化した行動の諸形態である。したがって農耕儀礼は，より豊かな収穫をえるために，そしてそれに感謝するために決められたさまざまな形式的所作を包括した概念である。

葬送儀礼であれば，埋葬という時点にその儀礼的な行為の結果が集中的に反映する場合が多いのにくらべ，農耕儀礼は，年中行事的にさまざまな場所でおこなわれたことが予想され，またその場を未来にとどめようという意識がうすかったために，儀礼の場としての痕跡を墓ほどにはとどめない。ここに農耕儀礼を考古学のうえから復元するむずかしさのひとつがある。また，農耕儀礼にはなんら道具立てを必要としない，行為のみの場合も多かったとおもわれ，これも農耕儀礼を総体的に復元するうえでの支障となっている。

弥生時代は水田稲作をはじめた時代であるので，大陸からあたらしく伝わった儀礼のなかに，農耕儀礼を含んでいたことが予想できる。したがって，縄文時代の儀礼の道具と弥生時代にあらたに加わった儀礼の道具との対比という，かつて山内清男，圭原眞のおこなった比較研究方法がこの際必要とされよう。しかし，ここで注意しなくてはならないのは，あたらしく伝わった，あるいははじまった儀礼が即，農耕儀礼とは限らないことである。そして伝統的な儀礼が変容するということである。

結局，農耕儀礼の復元にあたっては，縄文遺物との比較のうえにたち，農耕儀礼に使ったとおもわれる遺物の遺跡でのありかた，それら遺物と遺物の組み合わさりかた，ひとつの遺物のなかの農耕に関連するとおもわれる絵画の組み合わさりかたなど，遺跡と遺物，遺物と遺物の関係のなかから，もっとも妥当な解釈を導きだしていくのが考古学的には最良の方法だろう。その際，文献を含めた同時代の他国の資料は貴重であるが，日本列島の文化との関連性がどのようなものであったか考慮する必要がある。『記紀』など日本列島で編纂された文献から弥生時代の農耕儀礼を類推するという方法や，現在の民俗例との対比も，いろいろと問題はある。しかし，弥生時代の農耕儀礼のありかたを直接示す資料があまりにも乏しい現在，限界性を踏まえたうえでそうした資料も参照していかざるをえないであろう。

2 狩猟文鏡の世界

3世紀に編集された，『三国史』「魏書」の東夷伝馬韓の条に，朝鮮半島南部でおこなわれていた農耕儀礼の有様を描いた記事がある。しばしば引用されるから，要約のみにとどめると，(1) 5月の種まきのあと，鬼神を祭って昼夜をわかたず歌舞飲酒する。(2)その舞踊は10人で伴奏にあわせて低く跳躍し，手足をあげておこなわれるもので，魏の鐸舞というのに似ている。(3)10月，農作業がおわるとまたこの祭りがおこなわれる，というものである。また，国や村ごとに天神を祭る人を選び，天君と呼んでおり，諸国には蘇塗という，鈴鼓をつるした大木をたてた聖所がある，という記載も注目される。

こうした朝鮮半島の農耕儀礼とよく似た光景を描いた考古遺物として，伝群馬県高崎市八幡原町出土の狩猟文鏡がある（図1）。この鏡は，内外区のモチーフを鹿狩りの光景を描いたものとみて狩猟文鏡と名づけられたが，多くの研究者はこれを狩猟の図とは考えていない[1]。内区の図像から説明していこう。鈕を中心として放射状に4人の人物と，4頭の鹿を配す。人物はいずれも手をあげ，2人は右手に弓と左手に長い棒状のものを，1人は壺のようなものを掲げており，1人はなにも持たずに万歳している。4人とも頭に双頭のワラビ状をなす飾りのようなものをつけている。手は3本指。足はいずれも大きく描き，3本の指を誇張している。4頭の鹿のうち，2頭は立派な角を生やしているのに対して，1頭には角がない。

59

もう1頭の頭は欠失している。

　幅の広い外区を先端の丸い線によって10等分し，それぞれの区画に都合10人の人物を描いている。ただ1人が鈕の方向を向いた縦向きであるのに対し，それ以外の9人はいずれも横向きである。そして，縦向きの人物が手になにも持たずに万歳しているのに対して，横向きの人物は右手に盾を構え，左手に武器などをかざしている。左手のそれは，剣，刀とおもわれるもののほか，一人だけ先が二股に分かれた長い棒状のものを持っている。又鋤にしては長すぎるし，二股の先端が短かすぎる。未知の武器か。万歳の人物は丸頭で，身体にいっさい装飾をもたない。残りの9人全員，頭に団子状のものをつけるか，髪をそういう形に結っている。万歳の人物の左の一人は腰になにもつけていないが，右側の3人が腰からワラビ状の飾りを出している。それ以外の5人の一群は先端がワラビ状に巻いた長い頭飾りをつけている。また，万歳の人の右側4人は盾を上に掲げているのに対して，左側5人は下げて持っている。いずれの人物も足が大きく誇張され，大きな3本の指をもつ。子細に観察すると，足の甲にはふちどりのあるものがある。

　さて，これが狩猟文鏡の図像であるが，その意味するところを考えてみたい。まず，注意をひくのは有段口縁の壺形土器，もしくは坩形土器のような，きわめてリアルな図像を描くことである。そして，外区を均等分しているにもかかわらず，1人だけ縦向きに描いていることである。この図像は祭礼の場面を，ある部分は抽象化しながら描いた可能性がきわめてたかい，と考える。すでに先学はこの鏡を舞踊の光景を表わしたものとしているが，私は内区の壺形土器，鹿などから，これは農耕儀礼の場面を表現したもので，外区の舞踊はまさに韓伝の記事に似た舞踊だと類推する。韓伝の舞踊は春と秋の予祝祭ならびに収穫祭におこなったとされる。狩猟文鏡の場合は，壺形土器を種籾の貯蔵に用いたものと解釈しても，これからまくためのものなのか，あるいはいま収穫した種籾を納めたものか，わからない。鹿にも角のあるものとないものがおり，春と秋の象徴[2]と考えれば，春の予祝祭と秋の収穫祭という2大農耕儀礼をひとつの鏡に凝縮したものと考えておきたい。

　内区と外区とではモチーフに多くの違いがある。外区では舞踊がなされている。ではこの舞踊は農耕儀礼にとって，いかなる意味があったのか。近年，木でつくった武器形祭器が注目されている（図2）。木剣，木刀，木戈などであるが，中村友博はそれらに実際の使用痕があるので模擬戦に使ったものと推定した[3]。模擬戦は農耕社会においては重要な農耕儀礼である。違う集落の人々が集まり，どちらが勝つか競うことによってその年の豊作をうらなう予祝儀礼の意味をもつ。鏡の人物が掲げている武器は，あるいは木製武器形祭器だろうか。想像をたくましくすれば，頭飾りや盾の持ちかたなどで，多少のブレはありながらも万歳の人物を中心に2つのグループに分かれているのは，2つの別集団を表現したものかもしれない。そして，万歳をしている人物は，武器を持たないからその審判的な祭司だったのだろう。韓伝の舞踊に模擬戦の様子はない。したがって狩猟文鏡の舞踊は韓伝の舞踊そのものではなく，日本列島でそれが変容したものだといえる。

　それにしてもこれらの人物のいでたちは異様である。別格の祭司以外は，頭には飾りをつけ，腰からは羽のよう

図1　狩猟文鏡（田中琢『鐸剣鏡』をトレース。縮尺は約1/2）

なものを生やしている。また足には先端に3つの長い指を取りつけた履物をつけているようにみえる。9人に鳥装の戦士だったのだろう。それを考える際，ショートやツングースのシャーマンの扮装に，鳥の羽のついた帽子をかぶり，すねと足の甲に先端が三股に分かれた鉄板を取りつけた長靴をはき，鳥の格好をした例[4]があることは参考になる（図3）。農耕儀礼との関連でいえば，デフォルメされた大きな足をもつことも注目される。三品彰英は，韓伝の舞踊を地の神霊に対する呪儀であるとし，『日本書紀』崇神天皇十年九月条をひいて，日本の古代に土地を踏みならす呪儀があったことに注意をうながしており[5]，参考になる。

内区には鹿がいる。ひとりひとり違う持ち物を掲げた人物がいる。それぞれの意味を考えるうえで，これらを内区という重要な部分に描くことに注目したい。内区を乳で4分し，そこに放射状に8個の図像を描く。これは配列こそ違うが，四神四獣鏡の内区と同義だと考える。そしてこの鏡が農耕の祭りを描いたものだとすれば，演じられる現実の世界を外区に，神の世界ないしは儀礼の核心部分を内区に配したと考えるのが自然だろう。

そう考えてよければ，人物としたものが神獣鏡の人神に，鹿が神獣に擬せられたのではないだろうか。鹿が弥生時代にいたって霊獣視されるようになったことは，すでに指摘されている[6]。また，

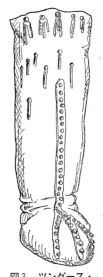

図3 ツングース・シャーマンの長靴
（註4文献から）

鹿の角の成長と稲の成長の一致から，古代には鹿を田の神と同一視していたという説がある[7]。この鏡の鹿は，まさに角がはえる前と後を稲になぞらえて描いた田の神であろう。人神に関しては，4世紀の段階で神が人の形をとるか否かはなはだ問題であり，あるいはこの人像は祖霊と考えたほうがよいかもしれない。履物をはいているようにはみえないし，頭飾りも外区の人物と異なり，神獣鏡の西王母のそれをおもわせる。腰飾りもない。もはやここが現実の世界ではないから，ことさら天と地との間を往来するための鳥装の必要もなかったのだろう。手にはそれぞれ，種籾を貯蔵するかあるいは水の呪儀に用いる壺，弓はずの部分に飾りをつけた狩猟に用いる弓を掲げる。田にかかわるもの，山にかかわるものであり，それぞれがそれぞれの神の依代だったのだろう。はたで両手をあげているのは，これら祖霊と神の交歓をつかさどる祭司であり，外区の祭司と同じポーズをとって二重写しされている。韓伝いうところの，天神を祭る天君であろうか。そして内区は，鬼神と天神の世界であろうか。

3 農耕儀礼の一系譜

狩猟文鏡は4世紀，すなわち古墳時代前期につくられた鏡である。これをもって弥生時代の農耕儀礼を説明するのは不適当かもしれない。しかし，あえてとりあげたのは外区には3世紀の「韓伝」の記載によく似たモチーフがあり，内区の神や祖霊の世界を表現したとおもわれる図像には，鹿，狩人など弥生時代の銅鐸や土器の絵画でおなじみの図像があったからにほかならない。

弥生土器の絵画は，その物語の意味をたどることが困難なものが多い。そうしたなかにあって，弥生Ⅳ期の鳥取県稲吉角田遺跡の絵画土器（図4―1）は貴重な情報をいまに伝えている。まず画面右側には，櫂を漕ぐ数人の人物を乗せた長い船がある。人物の頭からは先端が二股に分かれた飾りがでている。この船が目指して漕ぎ進むのは2

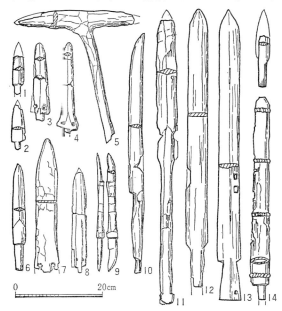

図2 木製武器形祭器（註3文献を改変）
1・2池上，3・4宮ヶ久保，5・7恩智，6有東，
8・10鬼虎川，9瓜生堂，11安満，12～14登呂

図4　弥生絵画土器（1鳥取県稲吉角田遺跡，2奈良県唐古遺跡）

棟の建物であるが，1棟はやたら柱と梯子が高い高床の建物で，もう1棟も切妻づくりの高床式建物である。穀倉を兼ねた神祠を表わしたものとされる。その左には木を描き，その一番下の左右の枝から垂下したのは銅鐸ともいわれる。さらに位置はわからないが，鹿を描く。全体として右から左へ向かう画面構成である。金関恕は，船を漕ぐのは海の彼岸から穀霊を運ぶ鳥をかたどった鳥装の祭司であると考え，春成秀爾はこの絵画と唐古遺跡の鳥と船の絵画（図4—2）の類似性を指摘して，高床式建物や鳥は稲の象徴だと考えた[8]。鳥装の祭司が現実の世界から，神の世界をめざす儀式を描いたものというわけだ。

そうしてみると，狩猟文鏡の世界との間にある脈絡に気づく。まず，鏡の外区の鳥装の祭人と，土器の船にのる鳥装の祭人を物語の起点，すなわち外区と絵画の右端に描く。弥生土器や銅鐸にみられる複数の漕ぎ手を乗せた船は，戦士の舞踊とおなじく模擬戦的な要素をもつ。船，舞ともに神の世界との交信をはかるべく儀礼をおこなう現実の世界を表現したのに対して，土器の画面左の絵画は，唐古，稲吉ともに狩猟文鏡の内区と同じく，神や祖霊の住む世界を表現している。稲の象徴である鳥と穀倉は，狩猟文鏡では種籾貯蔵の壺形土器として表わし，土器と鏡ともに霊獣視された鹿を描く。弥生中期，すなわち1世紀以前の農耕儀礼は，土器の絵画などからみれば，狩猟文鏡のつくられた4世紀ほどには整備されておらず，素朴なものであったとおもわれるが，個々の要素やモチーフはおなじである。狩猟文鏡にみられる農耕儀礼の原形は弥生中期にはすでに成立していたとみるべきだろう。

それでは，そうした個々の農耕儀礼要素の系譜はどのように考えられるだろうか。鳥装の祭司あるいは戦士の絵画（図5—1～5）がみられるのは弥生Ⅲ期以降であるが，島根県西川津遺跡の鳥形木製品（図5—6）は弥生Ⅰ期にさかのぼる。これは裏面にある盲孔に棒をさして立てたもので，韓国やアルタイ系諸族に現在もみられる鳥杆と同じような用いられかたをしたことがひろく説かれている。鳥杆の起源については明らかではないが，紀元前3世紀の韓国大田付近出土の青銅小板（図5—8）には農耕図の裏に木にとまる2羽の鳥が描かれているので，すくなくとも朝鮮半島では紀元前3世紀にさかのぼるとみられる。また，この図から農耕と鳥の信仰との複合を説く意見があるが，鳥が霊魂を運ぶという天的信仰は，北方遊牧民のシャーマニズムとのかかわりが強いことも考慮しておく必要がある。

縄文時代の狩猟対象動物の双璧は鹿と猪で，ほぼ半々の比率であった。ところが，西日本のある地域では弥生時代になると鹿の骨の出土は急激に減少する。弥生Ⅰ期ないしⅡ期から鹿の狩猟に規制が加わったのである。銅鐸に鹿を盛んに描くようになるのは外縁付鈕1式であるが，すでに菱環鈕2式，すなわち銅鐸絵画の出現と同時に登場することが確かめられている。また，卜骨という占いの風習が弥生時代にあらたにはじまるが，それに用いる骨は鹿が全体の7割ちかくをしめるという。卜骨は弥生Ⅰ期にすでにみられる。卜骨の風習は，中国東北地方の富河文化がもっとも古く，紀元前3000年にさかのぼる。日本列島へは北アジ

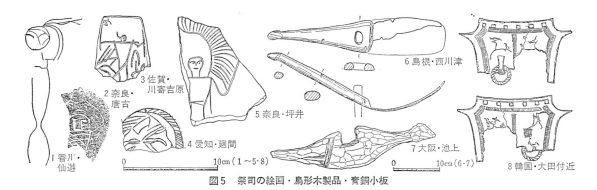

図5 祭司の絵画・鳥形木製品・青銅小板

アから朝鮮半島を経て，農耕文化とともにもたらされたとおもわれる。春成は韓国の慶州市付近で出土した鹿を描いた青銅器を重視し，鹿を霊獣視する思想の源流を朝鮮半島に求める[9]。

そのほか，高床式建物は中国江南地方から日本へ伝えられたとする説があるが，吉林省の麻綫溝遺跡第1号墓石室からは，高床式の井籠造りの建物を描いた壁画が発見されており，高句麗にこうした構造の建物があったと考えられる[10]のは注目すべきである。また，大勢の漕ぎ手をのせた船をドンソン文化の銅鼓などにみられる南方の文化と同一視する考えがあるが，朝鮮半島と北部九州の間の往来はもちろん船によっておこなわれたわけであり，北部九州あるいは朝鮮半島南部で活躍したとされる海人の渡海技術も無視できないだろう。

水田稲作は，山東地方から朝鮮西部を経由して日本列島へもたらされたという説がある[11]。下條信行は北部九州の弥生I期にみられる半月形外湾刃石庖丁に，遼東半島から西北朝鮮にみられる紡錘形石庖丁が南下する過程で形成されたとする[12]。これは半月形外湾刃石庖丁を，水田稲作が中国江南地方から直接日本列島や朝鮮南部に伝わったことを示すひとつの傍証とする，かつて石毛直道の唱えた説が再考されるべきことを物語る。鳥形木製品など鳥に対する信仰，鹿の骨を用いた卜骨など重要な農耕儀礼の源流は，遊牧あるいは雑穀栽培を生業とする北方青銅器文化を育んだシャーマニズム[13]に求められる。そしてそれが朝鮮半島南部の水稲農耕文化と複合し，農耕儀礼に取り入れられたものとおもわれる。日本列島における農耕儀礼のあるものは朝鮮半島南部でその骨格が形づくられ，水田稲作の伝播に遅れること久しからず，日本列島へもたらされたといえよう。

4 縄文文化の伝統的要素

以上述べてきたのが弥生時代にあらたに渡来した農耕儀礼である。ここでは，縄文文化の系譜をひくものについて考えてみたい。土偶は縄文文化を特質づける遺物で，自然の多産と再生を祈るための呪具という解釈がある。西日本では弥生時代のはじまりとともにほぼ消滅するといってよい。これに対して東日本では，青森県田舎館遺跡のように米づくりがはじまっても，量は減るもののつくりつづける。

中部地方の弥生I〜III期に，土偶形容器と呼ばれる遺物がみられる（図6-1〜6）。それは，手はあるが足のない中空の粘土像で，その顔は縄文晩期終末の有髯土偶の系譜をひく。現在までに18個体の出土が報告されている。一対をなすものが3組あることに注意を向ければ，対をなすものがつくり分けられていることに気づく。乳房をもつものともたないもの，頭部の形が円筒状のものとまげを結ったような翼状のものとである。長野県腰越遺跡では，頭部は欠くが乳房をもったものと，乳房をもたず頭部が円筒状のものが並んで出土した。神奈川県中屋敷例は乳房があり，まげを結ったような頭である。愛知県古井例は，乳房がなく頭が円筒状である。山梨県岡例は，新しい時期のものだからか，2体とも乳房は欠くが，頭部はつくり分けられている。つまり，土偶形容器は一対で用いられることを原則とし，それは男女像であったと考えたいのである。

鹿児島県山ノ口遺跡の弥生中期の岩偶（図6-7・8）は男女像である。また，滋賀県大中ノ湖南遺跡では，1個は明らかに女性を象った一対の木像が出土している。縄文時代の土偶は女性像を基本とするので，男女一対からなる像にともなう思想は弥生時代に新たにもたらされた，もしくは

形成されたものとみてよい。男女の重要な役割は，その生殖能力により新たな生命を生み出すことであるから，一対からなるこの像がいわれるように祖霊像であるとすれば，農耕の豊饒をもたらす像として祭られたと考えるのが妥当だろう。

東日本の初期農耕社会に縄文土偶などが残存する事実から，祭りともなればこうした道具が幅をきかせる状況をとらえ，エピ縄文文化という概念を用いてこの段階の文化を定義する見解がある[14]。しかし，農耕社会の形成にともない，縄文系譜のものにも上に述べたような変容が認められることは，かつてない大きな変化と考えてよい。

平安時代の『古語拾遺』には，田の水口の祭りに男根形の木製品が用いられた記載がある。大阪府池上遺跡からは，それを彷彿させるような遺物（図6－9）が出土している。山口県綾羅木遺跡からは男根形石製品と女陰形石製品が多数出土しており，山ノ口遺跡からもそれらが見つかっている。先の男女像とおなじような意義をもつと考えられる。それと縄文時代の石棒とのつながりは不明で，おそらく途切れるとおもわれるが，そうであれば男根形木製品は石棒の弥生的復活といえる。

5 おわりに

以上，弥生時代の農耕儀礼について考えてきた。もとより体系的に把握することなど望むべくもないので，普段あまり取りあげられない狩猟文鏡と土偶形容器を扱い，そのよすがを偲んだ。稿了直前に，合田芳正氏の狩猟文鏡に関する論考[15]に接した。本稿と重なる部分もあるが，異なる点も多いのでそのまま掲載した。この鏡についてはいずれ，合田氏の考えに対する私見もまじえて再考したい。岡田精司，白石太一郎，春成秀爾氏にはさまざまなご教示をいただいた。望月幹夫氏には狩猟文鏡の実見に際してお世話になった。最後ではあるが記して感謝したい。

註
1) 小林行雄「しゅりょうもんきょう」『図解考古学辞典』東京創元社，1959など
2) 春成秀爾「描かれた建物」『弥生時代の掘立柱建物』埋蔵文化財研究会，1991
3) 中村友博「武器形祭器」『弥生文化の研究』8，1987
4) ウノ・ハルヴァ『シャマニズム アルタイ系諸民族の世界像』田中克彦訳，1971
5) 三品彰英「銅鐸小考」朝鮮学報，49，1968
6) 井上洋一「イノシシからシカへ―動物意匠からみた縄文社会から弥生社会への変化―」『國學院大學考古学資料館紀要』1990
   春成秀爾「角のない鹿―弥生時代の農耕儀礼―」『日本における初期弥生文化の成立』1991
7) 岡田精司「古代伝承の鹿」『古代史論集』上，塙書房，1988
8) 金関 恕「呪術と祭」『日本考古学』4，岩波書店，1986，および註2)文献
9) 註2)文献
10) 金関 恕「弥生土器絵画における家屋の表現」『国立歴史民俗博物館研究報告』7，1985
11) 町田 章「中国と朝鮮の稲作」『稲のアジア史』3，小学館，1987
    厳文明「中国稲作農耕の起源と展開」『考古学協会1988年度大会研究発表要旨』1988
12) 下條信行「日本石庖丁の源流―弧背弧刃系石庖丁の展開―」『日本民族・文化の生成』1988
13) 甲元眞之「鏡」『弥生文化の研究』8，1987
14) 林 謙作「続縄紋のひろがり」季刊考古学，19，1987
15) 合田芳正「狩猟紋鏡の図像をめぐって」青山考古，9，1991

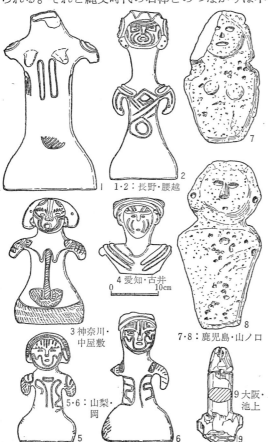

図6　土偶形容器・岩偶・木製陽物

特集 ● 稲作農耕と弥生文化

稲作と周辺科学

地理学の立場から水田の立地条件を探り，遺伝子から弥生のコメを解説し，また世界的視野から日本の稲作を比較検討してみる

土地を選ぶ水田／古代イネの復元と DNA 解析／東アジアから見た日本の初期稲作

土地を選ぶ水田

立命館大学助教授
■ 高橋　学
（たかはし・まなぶ）

地形環境の変化と水田開発の関わりについて地形環境分析という新しい手法により瀬戸内海東部の臨海平野を対象に検討する

　過去の土地利用について検討するためには，それぞれの時代の地形環境を復原することが不可欠である。現在の状況しか示さない地形図や地形分類図を使って，過去の土地利用について論究した研究が，従来しばしば見受けられたが，これは明らかに誤りといえる。とくに，水田開発の主要舞台となってきた平野は，稲作が本格的に開始され弥生時代初頭以降にも大きく変貌を遂げてきた場所であることを忘れるわけにはいかない。本稿ではこのような視点に立ち，地形環境の変化と水田開発の関わりについて地形環境分析によって検討を加えていきたい（図1参照）。

1　微地形と土地利用

　1970年代半ば以降，日本の各地で水田遺構の発掘が相次ぎ，従来の常識が大きく覆されてきた。その中で，水田の立地について検討を加えたもののほとんどは，水田を区画する畦畔のプランや一区画の面積に注目するものであった。しかしながら水田を把握するためには，一区画を単位とする視点だけでは十分でなく，水田域を単位とするような視点を欠くことはできない。また，集落域や墓域あるいは灌漑水利システムなどとの関わりが重要であるが，今までに明らかにされてきた埋没水田遺構のうちこれらが把握できた例は必ずしも多くない。

　土地利用について検討しようとした場合，とくに微地形レベルの地形環境分析が有効性を発揮する。ここで分析の対象となる微地形とは，河川の氾濫が数回程度繰り返す中で形成されたものであり，集落，畑，水田，墓といった土地利用と最もよく対応する。

　さて，現在，水田として土地利用されている後背湿地を発掘調査した際，自然堤防などの微高地が埋没しており，そこに集落や墓などが検出できることがしばしばある。これは現在と過去において地形環境が変化していることを意味する。このように，別の微地形に埋没してしまい現地表面から容易に存在の判らない微地形は埋没微地形と呼ばれる。埋没微地形の状態を知ることは，過去の土地利用の様子を検討する上で重要な役割を果たすものと思われる。

2　微地形変化モデルと水田開発

　地形環境分析を瀬戸内海東部の臨海平野（広義の現氾濫原）で実施し，縄文時代晩期以降の微地形環境変化のモデル化を試みた。図2に示したモデルを基本にして水田の立地について検討してい

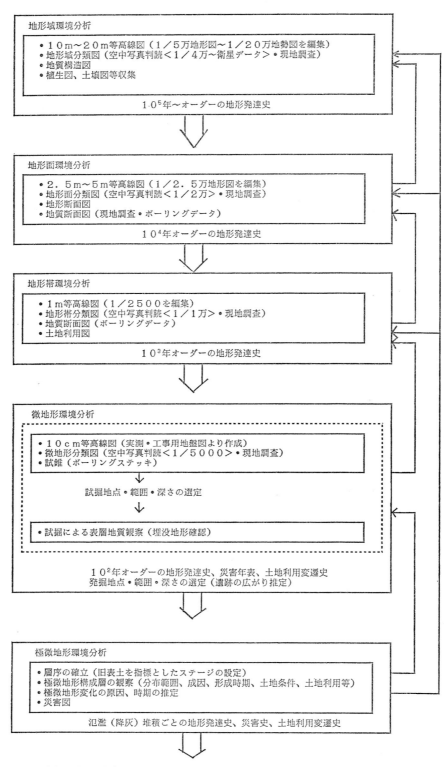

図1 地形環境分析の手順

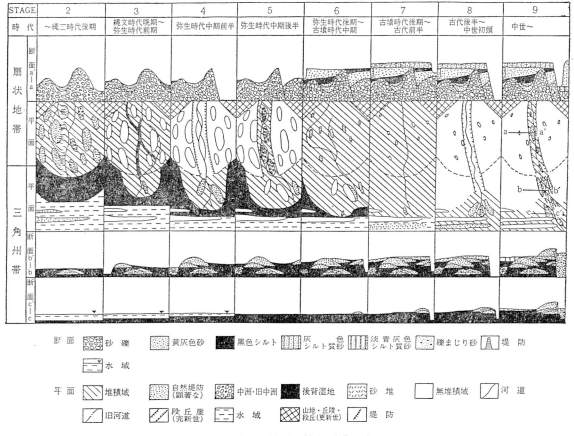

図2 縄文時代末以降の微地形変化モデル

きたい。モデルは扇状地帯と三角州帯から構成されている沖積平野である。扇状地帯は最終氷期およびそれ以降に形成され、いわゆる縄文海進最盛期にも海域にならなかった。他方、三角州帯は縄文海進最盛期には海域であったが、その後、河川の搬出した土砂によって陸化した所を指している。なお、ステージ1、2については、水田耕作開始以前に属するため説明を省略した。

(1) ステージ3

縄文時代晩期から弥生時代前期にかけては扇状地帯末端の旧河道部分が後背湿地化し、ここが水田に利用されるようになった。

この水田は微起伏にあわせて小さく区画された不定形小区画水田と呼ばれる範疇に分類されるもので、開発された当時は、水が得易く、洪水に遭わない限り、少ないけれども安定した収穫が得られるといった特徴をもっていた（香川県さこ長池遺跡など）。

三角州帯では、最も上流側の一部を除き、極めて低湿で平坦な状態にあったと考えられる。上流側に島状に点在した自然堤防などの微高地の周辺には、パイロット事業として水田耕作が行なわれていたようである（大阪府池島・福万寺遺跡など）。

なお、縄文時代晩期と弥生時代前期の間には、大きな地形環境の変化をみとめることはできない。

(2) ステージ4

沖積平野において、大きな地形環境が生じたのは、弥生時代前期末～弥生時代中期前半のことであった。この時、扇状地帯を中心に数m程度の河床の低下が生じたのである。その結果、相対的に高くなったところでは、a）洪水を受けにくくなり、b）地形形成（地層堆積）が停止し、c）土地条件が安定するとともに、d）地下水位が低下し高燥化した。

他方、相対的に低くなったところでは、まったく反対の状況が生じたのである。

この河床の低下によって洪水の被害を受けなくなった地形面を完新世段丘Ⅰ面と呼びたい。完新世段丘Ⅰ面となったところでは、その後、河川の

67

氾濫による活発な土砂の堆積が停止し，わずかずつ後背湿地の埋積が進行するに過ぎなくなった。したがって，ここの水田は，洪水に遭わなくなったと言う点で安定した収穫を見込めるようになったと考えてよい。また，適度の地下水の低下は，根の発達を促し，倒れにくく実りの多い稲の生長に寄与したと考えられる。ただし，地下水の低下によって灌漑設備が必要になったり，従来の灌漑システムでは用をなさなくなった所もあったと考えられる。

さて，河床低下が生じた際に，扇状地帯を構成していた砂や礫は侵食され，下流の三角州帯の上流部に再堆積した。これによってそれまで営まれていた水田は，厚い砂礫層に被覆されることになった。ところが，同時にその砂礫は，陸域の急速な拡大や地盤高の上昇を引き起こし，水田によって生活の糧を得ようとした人々には，極めて好条件をもたらせたのである。

(3) ステージ5

扇状地帯が段丘化したことによって，河川が氾濫する範囲が限定されるようになり，そこに集中して砂や礫が堆積するようになった。この結果，前ステージにおいて侵食された扇状地帯の一部では，砂や礫による埋積が急速に進行した。三角州帯の上流部でも前ステージからの砂礫の堆積が継続している。この砂礫中には，最も新しい遺物として弥生時代中期前半のものが混入していることが多い。また，この砂礫が形成した微高地上には弥生時代中期後半の集落や墓が立地することがみとめられている。これらのことから，砂や礫の堆積が弥生時代中期中葉頃を中心に生じた可能性が高いと考えられる。

三角州帯の開発は，この砂礫の堆積以降に本格化した。新しく出現した土地に集落が次々と造られ，水田開発が進められていったのである（大阪府池島・福万寺遺跡，兵庫県雨流遺跡など）。

自然堤防などに集落や墓が立地する場合，灌漑用水はその縁辺に，そうでない場合には背の部分に掘削され，地形にあわせ小さく区画した水田を潤した。その結果，水は，微高地と微高地に挟まれた後背湿地のなかでも相対的に低い部分へと最後に集まって来る。この部分には，河道，あるいは旧河道が存在することが多く，その一部に手が加えられて排水路として利用されていた。この排水路は，微高地の両側に存在し，微高地を取りま

いて存在するように見える。

さて，このステージにおいては，洪水により起伏が大きくなるにしたがって，水田一区画の面積は減少せざるを得なかった。また，洪水に遭い易いため安定性に欠ける。他方，水田に利用できる土地が急速に河川下流側にむけて拡大した（兵庫県玉津田中遺跡，大阪府池島・福万寺遺跡など）。

かつて大阪の河内平野などで注目された弥生時代中期における大洪水は，このステージにあたると考えられる。ただし，この洪水による砂や礫の堆積は，沖積平野全体におよぶものではなく，三角州帯の一部でみとめられる現象に過ぎないと考えられる。

(4) ステージ6

堆積の集中する場所が，三角州帯の下流部へ移動した。その結果，前ステージで起伏の増加したところでは，シルトや粘土など細粒物が凹地部分に堆積し，すでに形成されていた起伏を徐々に埋没させていった。言い替えれば，後背湿地が拡大していったのである。この後背湿地部分から自然堤防などの微高地の一部にかけては，不定形小区画水田として土地利用されていたが，起伏が減少するに伴い，一区画の面積は増加し，水田域は拡大していった。これに対し，集落や墓地が立地していた微高地は，面積が減少するだけでなく，後背湿地との比高が減少することで高燥で洪水の被害を受けにくいという土地利用上の利点が減ってしまった（兵庫県雨流遺跡，大阪府池島・福万寺遺跡など）。

この時期までの水田土壌中には有機物が多量に含まれているため，黒色ないしはそれに近い色をしているという特徴がある。これは，水田が凹地を利用して営まれていたこと，あるいは十分に耕起されなかったために有機物の分解がすすまなかったことによると考えられる。

(5) ステージ7

後背湿地の拡大によって，ついに集落や墓などの立地していた微高地が埋没してしまった。その結果，集落などは移転を余儀なくされた。他方，水田開発の点から見れば，非常に平坦な後背湿地が広範囲に出現したことから，今までのように微地形に区画の形状や面積の制約を受けることが減少した。条里型土地割が施工された背景には，このような状況があったことを忘れるわけにいかないであろう（大阪府池島・福万寺遺跡など）。

(6) ステージ 8

河床の低下が生じ完新世段丘Ⅱ面が形成された。条里型土地割に沿った溝が深く下刻していることが観察されることから，条里型土地割の施工は，この段丘化に先立つものであったことが考えられる。完新世段丘Ⅱ面上を河川が流れ，土砂を堆積させた時期から考えると，古代の前半には，まだ段丘化していなかった。また，段丘崖下には古代末には遺構が存在していることから，段丘化の生じた時期はかなり限定できる。

段丘化によって生じた地形環境の変化および人々の対応を整理したのが図3である。完新世段丘Ⅱ面上にあたる地域のうち，地下水位や川床の低下に対応した新しい灌漑システムの導入に成功したところでは，洪水による被害の減少，土地生産性の増加，二毛作が可能になるなどの恩恵を受けることになった。他方，新灌漑システムの導入に失敗したり，手間取ったところでは，水田区画を小さくしたり，耐旱品種（大唐米）の作付け，畠への地目転換などが試みられ，最悪の場合は耕作が放棄され荒野に帰した可能性も考えられる。

この時期の水田土壌の特徴としては，灰色ないしは灰白色をしていることがあげられる。これは，段丘化に伴い地下水位が低下したことのほか，地表面が洪水によって更新されにくくなり，長期間にわたり同一の土壌で施肥の不十分なまま耕作を継続したため，土壌が疲弊し老朽化が進んだことによると考えられる（兵庫県福田片岡遺跡，大阪府小阪遺跡など）。

(7) ステージ 9

河川の氾濫は，完新世段丘Ⅱ面の崖下に集中的に発生した結果，三角州帯の最下流部で埋め残しになっていたラグーンの陸化が進展したり，遠浅の海が形成された。これらの場所は，塩堤を築造し陸化を図る土地開発の対象となった。このような開発が中世以降に成功するようになった背景には，築堤技術の進歩だけでなく，地形環境の変化もひとつの要因となった可能性がある。

	地形変化	地形環境・土地開発
完新世段丘Ⅱ面	**堆積（地形形成）の停止** • 生活面の更新停止（遺跡の埋没停止） **地下水位の低下** • 土地の高燥化	**洪水危険性低下** • 地形環境の安定化 • 土地生産性の安定化 **土地の高燥化** • 湿田減少 • 灌漑システムの機能低下 • 耐干品種の導入 • 水田の畠化（小区画化） • 耕作放棄（荒野化） • 新灌漑システムの導入
	段丘化	
現氾濫原面	**堆積の活発化** • 大規模自然堤防の形成 • 三角州の拡大（遠浅の海）	**洪水の危険性増大** • 地形環境不安定化 • 島畠 • 築堤に伴う天井川化 • 干拓（塩堤）

図3　古代末における段丘化と地形環境・土地開発

他方，河川の周囲には大規模な自然堤防が形成され，それらは，島畠として利用されることがあった。また，段丘崖下の土地開発のためには，河川を固定することが必要となるが，それによって河床に土砂が集中的に堆積し天井川の形成が促進されたり，河口付近への土砂の堆積がより促進されたことが考えられる（兵庫県福田片岡遺跡，大阪府池島・福万寺遺跡など）。

地形環境分析はまだ生まれて間もない手法であり，今回，ここで述べたモデルについても，東部瀬戸内海の臨海平野以外にどの地域まで適用できるか明らかでない。今後は，地域を広げて，モデルの適用可能な地域を明らかにするとともに，より一般化のできるモデルへの修正をはかりたいと考えている。

参考文献
高橋　学「埋没水田の地形環境分析」第四紀研究，27—4，1989

古代イネの復元とDNA解析

国立遺伝学研究所　佐藤洋一郎（さとう・よういちろう）
国立遺伝学研究所　中村郁郎（なかむら・いくお）

古代イネは雑多な系統の混成したものと予想されるが，その復元には様様な方面からの研究が必要とされ，とりわけDNA解析法は有効である

古代のイネはどんなものだったろうか。それを復元するには出土種子などの植物遺体を利用するのがよいと思われるが，復元の作業はいまのところ遺体の遺伝子や形質を現存する様々な品種や系統のそれと比較するというイミテーション作りの作業である。イミテーションをつくる作業は部分（遺伝子や形質）をみて全体を推定する作業であるから，古代イネの復元作業は現存の品種や系統の情報をよく整理し，それらの違いを特徴づける形質を詳しく調べることから始まる。

残念ながら復元の精度は現段階では余りよくないが，ここではイネの品種や系統の特性を簡単に述べ，現在わかっている範囲で日本の古代のイネのようすを記述してみたい。

1　インディカとジャポニカ

栽培稲はインディカとジャポニカという2つの亜種に分かれる。イネの品種はたくさんの形質に多様な変異を持っている。いま識別できる形質（例えば「草丈」とか「玄米の色」など）がn個あってそれぞれの形質に2つずつのタイプ（草丈なら「高い」と「低い」，玄米の色なら「赤」と「白」，など）に分かれるとしよう。「草丈」と「玄米の色」というように形質の数が2だとそれらの組合せによって4通りの形質組合せができる。形質の数が3，4…nと増えてゆくにつれてできる組合せの数も8，16…2^nというように増えてゆく。おもしろいことにたくさんのイネの品種をこの2^n個の

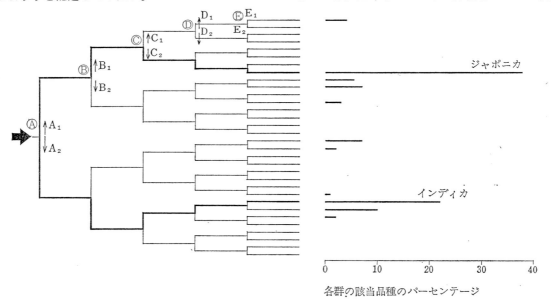

図1　インディカとジャポニカの分化を示す模式図
200の品種をその形質（ここではAからEの5つ）によって32（=2^5）の群に分けるケースを考えよう。各品種は左端の矢印からはじめてAからEの分岐のところでその特性に応じた方向に進む。多数の品種は比較的少数の群に分布するが，中でも最も頻度が高い2群（太線）は互いに他を排反とする形質組合せを持つ。これらの一方がインディカ，他方がジャポニカである。2群以外の群に所属する品種は中間的品種であるが，注意深くみるとそれらの多くは典型的インディカや典型的ジャポニカと一つの形質だけが違った品種であることがわかる。つまりイネの品種はインディカとジャポニカの2つの群に分化する傾向を示す。遺伝実験の結果からこの分化が進化的なものであることが示される。

群に分類してみると大半の品種はごく少数の群に集中し，他の多くの群には該当品種が少ないという傾向が現われる。そして最も頻度の高い2つの群は，互いに他を排反するという形質組合せになっていることがわかる（図1）。つまりイネの品種は，複数の形質の組合せによって2つの大きな群に分かれることがわかる。こういう基本的な考え方をもとにインディカとジャポニカを定義したのが岡彦一博士（岡1953）である。岡博士の時代には遺伝子の本体であるDNAを分析するなどということに想像もできないことであったが，最近，インディカとジャポニカはDNAの配列の様式ともよく対応することがわかってきている（次節参照）。

2 籾の形とインディカージャポニカ

インディカとジャポニカの違いについては籾の形がよく引合いに出され，インディカで細長くジャポニカで丸いと言うように説明されているが，実はそうではない。詳しい説明は別の機会にしたいが，実際「細長い（松尾のc型）籾が出土したからインディカ」と推定した場合の誤判定率は42％，「丸い（a型）籾はジャポニカ」という推定は30％が誤りである（佐藤1991）。典型的なc型品種の場合ですら，それをインディカと判定したときの誤判定率は39％に達する。古代種子を用いてインディカとジャポニカの判定をするには，後に述べるDNA判定か藤原らによるプラントオパール分析による以外にない。

表1 熱帯ジャポニカと温帯ジャポニカの特性

形質	熱帯ジャポニカ	温帯ジャポニカ
草丈	＞	
穂の大きさ	＞	
株当り穂数	＜	
成熟期	一般に晩生	晩生から早生まで
乾燥に対する抵抗性	＞＞	
籾の大きさ	＞	

3 ジャポニカの2タイプ―熱帯型と温帯型

日本に伝わったイネは，諸般の事情から考えて，その時代を問わずほとんどがジャポニカであったろうと思われる。したがって日本の古代イネを考える時に問題となるのはどんな種類のジャポニカがいつごろどんな形で栽培されていたかということである。ではジャポニカとはどんなイネだろうか。

ジャポニカの品種は形質組合せの方法によって温帯型と熱帯型とに分かれることがわかっている。温帯型と熱帯型の違いを特徴づける形質は表1にまとめたように草型，籾型や若干の生理的な形質に現われている。熱帯ジャポニカは茎，葉，穂などの器官が長く，株あたりの穂数が少なく，ずいぶん大型に見える（図2）。また粒も大型のもの（ラージタイプ）が多い（図3）。芒（のげ）については長くよく発達したものを持つものと全くこれをもたないものがあって温帯型との判別にあまり有効ではない。なお熱帯型という名称は聞きなれないとお思いの読者もおられようが，よく使われる「ジャワニカ」がほぼこれに含まれるものと言えよう。この場合にも両者の特性を入れ子に持つ品種は少ない。

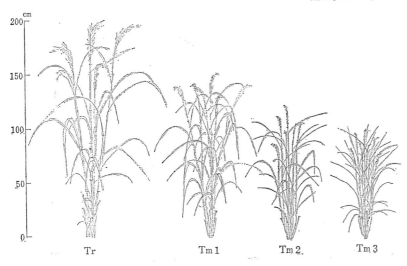

図2 熱帯ジャポニカおよび温帯ジャポニカの外部形態を示す模式図
Tr: 熱帯ジャポニカの1品種。Tm1〜3: 温帯ジャポニカ品種で左から江戸末期の品種（白玉），明治末〜昭和初期頃の品種（旭）および現代の品種（コシヒカリ）を示す。なお草丈などは栽培環境とくに栽培時期や肥料の量などで変わるので図はめやすとして見られたい。日本の品種はこの150年の間に草丈が低く，穂数が多く，また葉が短く直立する方向に大きく改良されてきたので現在の品種は形態の上からは古代のイネを知るよすがとはならない。

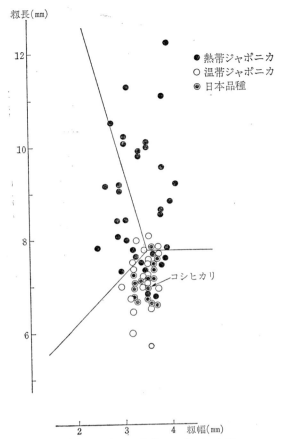

図3 熱帯ジャポニカと温帯ジャポニカの籾型
図中の3本の半直線は松尾(1952)による籾型の区分(a, bおよびc)を示す。温帯ジャポニカに属する日本の在来品種中にもかなり大きな変異があることに注意。なお口絵写真を参照

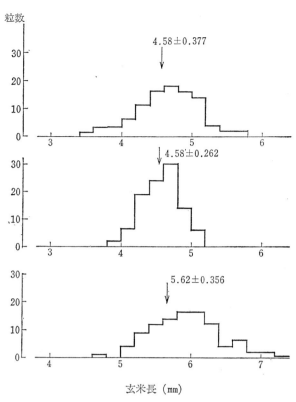

図4 平城宮跡下層出土米などの籾の長さのバラツキ
上)平城宮跡出土米, 中)遺伝的に純系にされた材料での変異, 下)陸稲の畑からのサンプル

　現在日本で栽培が奨励されている品種はみな温帯ジャポニカである。これらはここ百年の品種改良の過程で背が低く穂数が多くなる方向に姿を変えてきている。いま在来品種として各地にかろうじて残ってきた古い品種を調べてみると熱帯ジャポニカほどではないにせよ現在のものより草丈は高く穂数が少ない（図2）。また平安朝以前には日本にも熱帯ジャポニカがかなり広く広がっていたことが指摘されてきている（佐藤1990；藤原ら1990）。当時の栽培環境がよくわかっていないので一概には言えないが，古代のイネを今の水田に栽培すればずいぶん大型のものになることだろう。

4　品種の純度とバラツキ

　藤原らによると，弥生中期頃の水田跡から出土するイネ・プラントオパールは温帯ジャポニカ由来のものだけでなく典型的な熱帯ジャポニカ由来と思われるものを含み，かつ大きな変異が見られるという。古代の水田には温帯ジャポニカと熱帯ジャポニカが混ざっていたのかも知れない。現在の水田を見るとよく揃ったイネが整然と植えられていてさながら緑の絨毯という感じを受けるが，栽培技術が集約化すればするほど「揃い」が重視される傾向にある。この揃いの程度が景観から言っても古代と現代のイネを区別する重要なポイントではないかと思われるので，玄米の大きさを指標に揃いの程度（バラツキの程度）を調査した。

　平城宮跡から出土した炭化米（玄米）100粒の長さを計測し，その平均と標準偏差（σ）を調査した（図4）。σは，平均からの隔たりの平均として計算され，ばらつきの大きさを示すという意味合いを持っている。長さの平均±σは4.58±0.377 mmであった。一方純度を実験的にきわめて高くした系統を普通水田で栽培して得た玄米では長さの平均±σは4.58±0.262mmで平城宮跡の炭化米よりずっと小さいことがわかった。この場合のσは広い意味での誤差（測定誤差だけでなく

1つの株の中での粒の大きさのバラツキなども含めて）の大きさを表わしている。平城宮跡の炭化米の σ はそれよりはるかに大きく，明らかに雑駁な品種だったことがわかる。現代でも東南アジアなどの陸稲の畑には雑駁な品種が栽培されている。タイ国北部のある農家の陸稲の畑でランダムに採集したサンプルの場合には 5.62±0.356 mm であった。平城宮跡の水田では現在の陸稲の畑程度かそれ以上のかなり雑駁な品種が栽培されていたことが窺える。

これまで書いてきたように古代イネを復元する作業はまだ始まったばかりで「これが当時のイネです」と種や植物体を正確におみせできる状態にはない。まだモチかウルチか，さらには赤米か普通の米か，草丈や収量はどうだったかなど未知の問題が山積している。しかし次節で中村が報告するように，技術的にはこれらの問題もいずれは解決できるという見通しが立っていることもまた確かである。これから先，推定の精度を上げるには現存するイネの分析をさらに進めることももちろん，どれだけ多くの古代種子や遺体を分析できるかにもかかっている。発掘現場の方々のご協力をお願いしたい。

（佐藤）

文献
藤原宏志・佐藤洋一郎・宇田津徹朗・甲斐玉浩明：考古学雑誌75，93-128（1990）
松尾孝嶺：農技研報 D3，1-111（1952）
岡　彦一：育種学雑誌3，33-43（1953）
佐藤洋一郎：考古学と自然科学22，1-11（1990）
佐藤洋一郎：育種学雑誌41，121-134（1991）

5　DNAの解析

生物は，"親とそっくりの子を生じる"という遺伝と呼ばれる特性を持っているが，この親とそっくりの子孫を生じるために必要なすべての情報は DNA（デオキシリボ核酸）のテープに記録されている。DNA は4種類の塩基（アデニン，シトシン，グアニン，チミン）を含んでおり，これらの塩基の「並び方（配列）」が遺伝情報の本体である。そして，アデニンとチミンおよびシトシンとグアニンはそれぞれ対になっており，酵素の働きによって相互に相手を複製（コピー）することができるので，遺伝情報を保存あるいは伝達することができる。このようにして，親の DNA 塩基配列のコピーが代々子に伝達されることが遺伝がおこる仕組みである。DNA は相補的（コピーの）関係にある2本の鎖状のものとして，生物の体を構成しているすべての細胞内の核，色素体（葉緑体など）およびミトコンドリアに存在して，さまざまな遺伝現象に関与している。生物にこの遺伝現象があるがゆえに種や系統という集団が形成され相互に識別できるのである。

発掘される古代米などの生物遺体には，時々驚くほど保存状態の良好なものが見受けられる。このような生物遺体から遺伝情報の本体である DNA を取り出して比較することができれば，その植物の生物種や系統名を推定することができるので，古代における植物の進化および分布などが想定できる。さらに「古代人がどのような植物を利用していたか」あるいは「古代の作物がどの程度の生産量をもっていたか」などを推定することもできると考えられる。DNA は生物の体を構成している物質の中でも比較的に安定な物質であるので，保存状態の良いサンプルを大量に入手することができれば従来の方法を用いても DNA を調べることが可能であった。実際にミイラやマンモスなどの大きな動物の遺体から DNA を抽出して解析した研究は過去にも報告されているが，解析に成功した例は非常に限られたものであった。その上，古代米などを解析するためには，種子1粒ごとに種あるいは系統が異なっている可能性があるので，意義のあるデータを得るためには1粒ずつ解析しなければいけないことが大きな障害となっていた。

6　PCR法：試験管内におけるDNAの増幅

ごくわずかの量の DNA を増幅して解析するための画期的な方法が，アメリカの Saiki ら（1985）によって開発された DNA 合成酵素連鎖反応法（PCR 法）である。この方法は図5に示したように大変に簡単な原理に基づいている。DNA 合成酵素は一本鎖の DNA を鋳型として相補的な DNA 鎖を合成するが，その合成開始には「プライマー」と呼ばれる短い DNA 鎖が必要である。したがって，増幅したい DNA 断片の両端の塩基配列に対応する一対の短い DNA 塩基配列（20塩基程度）を化学的に合成し，プライマーとして用いて1回の反応を行なうと，プライマーの間にはさまれる DNA 断片を2倍に増幅することができ

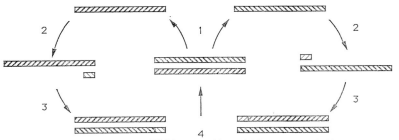

図5　PCR法の原理
PCR法の原理を簡略化して図に示した。1サイクルの反応は,二本鎖DNAの一本鎖への熱変性(1)―各一本鎖DNAへのプライマーの会合(2)―DNAポリメラーゼによるDNA合成反応(3)からなり,それぞれ1サイクルの反応ごとに二本鎖DNAの数が2倍になる(4)。したがって,DNA断片はnサイクルの反応の結果 2^n に増幅される。

る。1回の反応は,二本鎖DNA一本鎖へ変性(94°C),プライマーと鋳型DNAの会合(37—55°C)およびDNA合成酵素によるDNA鎖の複製(72°C)の3段階のプロセスからなっているので,この反応を繰り返すことにより理論的には特定のDNA塩基配列を 2^n（nは反応回数）に増幅することができるのである。当初の方法では,94°Cの温度処理によってDNA合成酵素が失活してしまうので毎回酵素を加えるなどはんざつな操作が必要であった。しかし,高温の温泉に生育している耐熱性の細菌から精製したDNA合成酵素を利用することにより30サイクル程度の反応を連続して行なうことができるようになり,反応の自動化した機器が市販されるようになって,現在では操作の簡便な方法となってきている。このようにPCR法を利用すると微量な鋳型DNAから目的としている塩基配列を含んだDNA断片を試験管内で100万倍にも増幅することができるのである。

PCR法は,簡単でしかも米つぶ1粒といった微量なサンプルからでも特定のDNAの塩基配列を大量に増幅できるので,とくにかぎられたサンプルしか入手できない生物考古学の研究者にとって朗報であった。PCR法が報告された後すぐにPääboら(1988)はアメリカインディアンの祖先の人骨(7,000年前)のDNAを解析した。また,Horaiら(1989)は6,000年前の古代日本人の人骨からのミトコンドリアDNAの解析に成功し,日本人の起源について論じている。植物においては,Golenbergら(1990)が驚くべき古い1,700万年前のモクレン科植物の葉の化石から葉緑体の酵素の遺伝情報を書き記しているDNA断片を増幅してその塩基配列を調べることに成功している。このように,PCR法は形態および元素分析などをおもな解析手段としていた生物考古学研究にひとつの新しい解析法を与えることになった。

7　PCR法による古代のイネ葉緑体DNAの復元

筆者の研究室では1989年からいくつかの古代のイネの種子の解析を試みたが,炭化米と呼ばれる古代イネ種子は,一般に蒸焼きになっていたり,保存中に完全に炭化しておりDNAの抽出は不可能であった。しかし,1990年に長野県の石川条里的遺跡から発掘された1,200年前（平安時代）のイネ種子（図6）からはDNAが抽出できた（中村・佐藤1990）。この古代種子に含まれていたDNAは若干断片化していたが,10,000塩基対以上の高分子が認められ,また,生きている種子に比べて約半分量のDNAを含んでいた（図6）。このようにDNAの保存状態が良好であったのは,これらの種子が埋蔵以来水中で保存されたこと,および発掘後の処理（酸化防止）が良かったことによると思われる。

古代イネ種子から増幅しやすいと考えられるDNAとしては,葉緑体に含まれているDNAが挙げられる。そこで,イネの葉緑体DNAから1,300塩基対からなるDNA断片を選び,その断片の両端の塩基配列に対応する1対のプライマーを合成して（図7）,古代イネ種子から抽出したDNAを鋳型としたPCR法を行

図6　(A)長野県石川条里的遺跡で発掘された1,200年前の古代米
(B)アガロース電気泳動法によるDNA断片の泳動パターンを示す
古代米から抽出したDNA (1, 2),生きているイネの種子から抽出したDNA (3,抽出したNDAの半分量を分析する)

なった。PCR反応の条件は，DNAの解離（92℃, 1分）—プライマーの会合（37℃, 1分）—DNA伸長反応（72℃, 2分）からなる反応を42回繰り返して行なった。その結果，期待される長さのDNA断片を増幅することができた（図7）。さらに増幅したDNA断片の塩基配列を詳しく解析したところ，目的としていた葉緑体のDNA断片であることが明らかになった（中村・佐藤1990）。図7の例では，イネのインド型と日本型の間の葉緑体DNA断片の大きさは等しいが，Ishiiら（1988）によりインド型および日本型の間には葉緑体DNAの塩基配列に差異があることが報告されているので，古代米の葉緑体DNAから対応する部分のDNA断片を増幅して，塩基配列を比較することができれば，その古代米がインド型であったのか日本型であったのか判定できるものと考える。また，遺伝情報のほとんどをつかさどる細胞の核に存在するDNAに関しても品種の判別に有効なDNA塩基配列の検索が盛んに進められている。このような配列を古代イネ種子のDNAから増幅して解析することができれば，その種子がどのような系統に属していたのかについて推定することも夢ではないであろう。

PCR法を利用したDNA解析法が適用できる対象は，古代イネ種子に限ったものではなく，遺跡を発掘する際に出土する種子，茎葉，木片などの植物遺体に関しても保存状態が良ければ適用できることは明らかである。筆者らは，古代の植物の遺体から葉緑体のDNA断片を増幅することに成功している。植物遺体から増幅したDNA断片の塩基配列を現存する近縁な植物と比較することによって遺体となった植物の種名を推定できる可能性は充分にあるので，DNA解析に適したサンプルの収集と保存を行なうことおよび現存する植物のDNAの解析を進めることは，古代の人々の生活をより正確に復元するために重要な課題であると考える。

古代のイネの集団は，現在のように均一な系統から成っているのではなく，雑多な系統の混成したものであったと予想される。したがって，古代のイネの集団をより正確に復元するためには，前

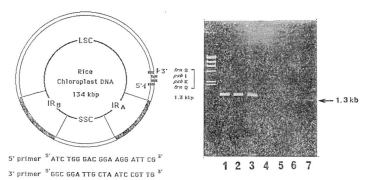

図7 （A）PCR法による古代米のDNAからの葉緑体DNA断片の増幅
日本型イネの葉（1），インド型イネの葉（2），日本型イネの種子，90年前のイネ種子（4, 5），1,200年前の古代米（6, 7）
（B）イネの葉緑体の増幅したDNA断片とPCR反応に用いたプライマー（3′, 5′）塩基配列

節のようなさまざまな方面からの総合的な研究が必要であると考えられる。本稿で述べたDNAの解析法は古代のイネを復元するにあたって有効な情報を提供できると考える。

（中村）

引用論文
1) Golenberg, E. M., Giannasi, D. E., Clegg, M. T., Smily, C. J., Durbin, M., Henderson, D. & Zurawski, G. : Nature 344, 656–658 (1990)
2) Horai, S., Hayakawa, K., Murayama, K. Wate, N., Koike, H. & Nakai, N. : Proc. Japan Acad. 65 SerB, 229–233 (1989)
3) Ishii, T., Terachi, T. & Tunewaki, K. : Jpn. J. Genet. 63, 523–536 (1988)
4) 中村郁郎・佐藤洋一郎：育種学雑誌40巻別冊1, pp 244–245 (1990)
5) 中村郁郎・佐藤洋一郎：育種学雑誌41巻別冊1, pp 474–475 (1991)
6) Pääbo, S., Gifford, J. A. & Wilson, A. C. : Nucleic Acid Res. 16, 9775–9787 (1988)
7) Saiki, R. K., Scharf, S., Falooma, F., Mullis, K. B., Horm, G. T., Erlich, H. A. & Arnheim, N. : Science 230, 1350–1354 (1985)

東アジアから見た日本の初期稲作──■高谷好一

京都大学東南アジア研究センター

（たかや・よしかず）

アジアの稲作を3つの類型に区分すると，日本は照葉樹林の谷間の移植稲作の中に入るが，局所的にはそれから外れたものもみうけられる

1 気候区と稲作区

20世紀前半を想定し，アジアの稲作圏に目をやってみると，そこには3つの類型が認められる。乾燥大陸の畑作型稲作，熱帯山地の焼畑稲作，そして照葉樹林の谷間の移植稲作である。その分布のあらましは図1に示した通りである。

図2は降雨パターンを中心にした，同じ地域の気候の様子である。ここには雨不足の温帯と熱帯，夏雨の卓越する温帯と熱帯，それに年中湿潤な熱帯の3つが示されている。

図1と図2は比較的よく似た格好をしている。これはアジアの稲作区が基本的には気候条件によって規定されていることを示すものである。気候区といった基盤の上に，古くからあるアジアの畑作文化の影響が重なって今日の稲作圏の大枠を形作っているようである。

2 乾燥大陸の畑作型稲作

この型の稲作は1990年代の今日でも，インドで

はまだ広く認められる。そのインドでの農作業のあらましは以下のようなものである。

乾季の間，まだ雨の来る前に乾いた田を何回もすき起こし，まぐわをかける。これは土壌水分の蒸散を防ぐためと，除草のためだといわれる。5月になって雨が少し降り始めると，またあらためて犁耕とまぐわかけをする。この時だいじなことは，土が適度に湿り気を帯びていることである。湛水していては勿論いけないし，ベトベトと湿りすぎていてもいけない。掌の間で紐状に伸ばしうる程度が理想なのである。こんな水分状態でまぐわかけをした所に乾いた籾を散播する。ふつうは散播後，角材や梯子様のものを横曳きにして，覆土，鎮圧する。

芽が出，稲が 10cm ぐらいに伸びると，またその上に犁やまぐわをかける。すると，犁の刃先やまぐわの爪にひっかかった稲苗はひきむしられ，跡にはひっかからなかった稲苗だけが，まるで条播したかのように残る。こんな荒っぽい方法にも理由はちゃんとあるのである。最初に稲籾を密に播種しておいてそれでもって雑草を押え，少し稲が伸び出した時今度は分蘖を促すために中耕を兼ねた間引きをするのである。この奇妙な作業は中耕除草と呼ばれている。この頃から湛水が始まり，水稲として育つ。収穫には鎌が用いられる。インドでは太古から現われ，逆に穂摘みは全く知られていない。刈り取られた稲は脱穀場に運ばれ牛群に踏ませて脱穀される。

インド，とくにガンジス川流域ではこの稲の犁耕・散播農法は紀元前には確立していた。そして，中耕除草などという高度な技術も，『クリシ・パラーシャ』の現われる11世紀頃には存在していた可能性がある。

中国でも淮北の稲作は直播法に頼っていた。このことは6世紀の農書『斉

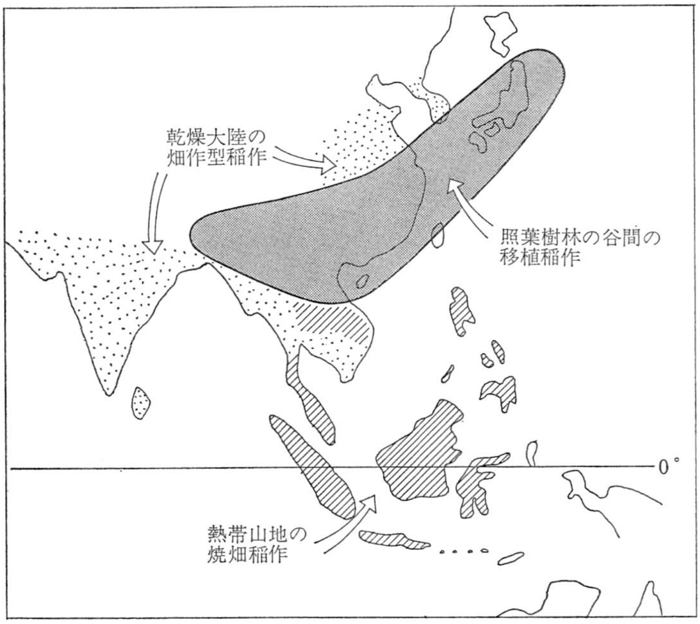

図1 アジアの稲作圏にみられる3つの類型

乾燥大陸の
畑作型稲作

照葉樹林の谷間の
移植稲作

熱帯山地の
焼畑稲作

民要術』から伺える。この時代の主要な栽培法は水田条播法とでも呼ぶべきものであった。田を充分に湿らせ，そこにローラー状のパドラーをかけ，こうして田拵えした田面に発芽した籾を筋状に播いた。次いで多かったのは乾田点播法とでも呼ぶべきものである。これはインドの耕作法に似ていて非湛水の田面に籾を播く。ただ『斉民要術』では点播である。この乾田点播稲も生育期間中は湛水下で育つ。こうして，淮北の稲作もその基本は，よく犂耕した本田に籾を直播するというものである。

朝鮮の稲作については15世紀に書かれた『農事直説』がよい資料を提供する。この書のなかで最も普及していたとされるものは「水耕法」と呼ばれるものである。この方法は，鍬などでよく耕し，発芽籾をまき，それをえぶりで覆土し，灌水するというものである。次に「乾耕法」というものもあった。これだと，木槌で土を砕き，熊手でならし，そこへ乾いた籾を点播した。こうして，朝鮮の稲作法は犂の利用こそ少ないが，その基本は『斉民要術』の直播栽培と同じものである。しかし，この朝鮮の直播栽培はやがて，灌漑の発達とともに後退してゆく。17世紀の『農家月令』の頃になると，移植稲作がかなり伸び出してくるのである。

こうして，インドから淮北，そして朝鮮半島にかけての乾燥大陸の稲作にかんしては，元の形というものに注目する時，そこにはっきりとした共通点が見られる。それは直播栽培ということである。何故直播が行なわれたのかということになると，それは田植水が得られなかったからだという説明がありうる。しかし，より重要な理由としては，ここが本来はサバンナ農耕地帯を形成していたからだ，ということであろう。この地帯に入りこんだ稲は，すでに厳然として存在していたアワやムギなどの畑作物農耕文化のなかに取り入れられ，その方法すなわち直播法によって栽培された，ということである。

ところで，この乾燥大陸にはもうひとつ，オアシス型灌漑に頼る稲作というのがある。これは圃場を2m角などといった小区画に区分し，それぞれの小区画に井戸や渓流から水を引いて来て，稲を作るものである。これは上に述べた天水農業とは全く違うもので，完全な灌漑農業である。

『氾勝之書』に見る「種稲区不欲大。大則水深浅不適」の稲田はこの種のものであったのであろう。紀元前後の華北にはオアシス灌漑稲作もあったと私は考えている。

3 焼畑稲作

焼畑稲作は昔は中国南部から東南アジアにかけて，ずいぶん広く行なわれていた。しかし，今ではもう雲南の山中や東南アジアの辺境でしか見られなくなってしまった。この数十年間，次に述べる灌漑移植稲が急速に谷間に侵入してきたからである。

焼畑の農法そのものは簡単である。森を伐開，火入れした後，その灰の上に棒で穿孔して点播してゆく。収穫は穂摘みである。穂摘具は雲南などには石包丁様のものもあるが，普通はマレー語でアニアニと呼ばれる特別の道具である。これは竹とんぼのような格好をしていて，その軸を指の間に挟み，その羽根の部分で穂首を折り取る。同

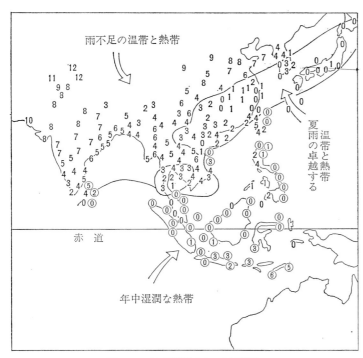

図2　アジア稲作圏の3つの気候区
図中の数字は乾燥月の数を示す。乾燥月とはその月の降水量が40mm以下の月。数字を○で囲んだものは冬雨型の所。すなわち降雨が11月から2月にかけてなど，北半球の冬により多くなる所。

一耕地はふつうは一年しか用いない。翌年は新しい森を伐り，焼く。一度使った耕地に帰るのは10年ぐらい放置した後である。

　焼畑稲作の技術は単純である。しかし，実際にはこれには極めて繁縟な儀礼が随伴している。耕地の選定から伐採，火入れ，播種，穂孕み期，初穂とり，本収穫，倉入れ，畑閉じとまさに儀礼の連続である。そして，その儀礼はいつも森のカミと稲魂を対象として行なわれる。

　典型的な焼畑は山腹で行なわれるが，湿地で行なわれることもある。時には，海岸のマングローブ林の中などでも行なわれる。こうした低湿地だと木や草を山刀などで切り倒し，2週間ぐらい放置して，草などが腐った所でそれを脇によけ，こうして出来上がったスペースに大苗を植える。この際，耕起などは全く行なわない。そのままの地面に棒で穿孔して大苗を植えてゆく。収穫は穂摘みである。こうして，火入れがないだけで，全体の作業内容は焼畑の場合とほとんど同じである。ただここは低湿地だから，稲は水稲として育つ。こんなわけで，この稲作はサワラダン（サワ＝水田，ラダン＝焼畑）と呼ばれている。

　普通の焼畑は点播であり，サワラダンは移植である。常湿の熱帯には散播は原則としてない。何故散播しないのかと問うと，散播にすると雑草と稲が混在して除草がしにくいからだ，と土地の人達は答える。点播や移植だと稲は株立ちして，除草が楽なのである。常湿熱帯ではこのようにして，稲作における最大の関心事は雑草対策なのである。

4　灌漑移植稲作

　この型の稲作は丹念に田拵えをした田に浅く水をたたえ，そこに若苗を植えてゆくものである。日本の稲作がそれに当る。この型の稲作は第二次大戦後は各国政府の奨励があって急速にアジア各地に普及した。しかし，その前の分布域ということになると，江南と長江中上流域，それに日本が中心ということになる。古くは，華北や朝鮮半島の大部分はこの農法を欠落させていた。

　この農法は系譜的にいうと，熱帯のサワラダンとオアシスの小区画灌漑畑が結びついてできたものである。前者が移植という技術を提供し，後者が灌漑という技術を提供して，ここに灌漑移植稲作という新しい農法が確立した。

　照葉樹林の谷間の生態というのをちょっと想い浮べてみよう。夏の照葉樹林の谷間は高温多湿で，そこでの雑草の成長は常湿熱帯なみである。こういう所では先に述べたように，雑草対策が一番大きな問題になる。仮に雑草をかなり傷めつけておいて，そこに直播したとしよう。直播した稲が背を伸ばして花を咲かせるまでに，息を吹きかえして急に盛り上ってきた雑草に覆いつくされてしまう。こうした環境下で雑草に対抗する最も有効な方法は移植である。雑草を退治しておいて，その上に大苗を植える。こうして稲に2ヵ月分ぐらいの貯金を持たせておいて，稲ははじめて雑草に対抗しうるのである。移植が絶対不可欠だという理由はここにある。

　一方では，とはいえ熱帯のように本当に常湿でないここでは時に水不足が起こる。その年の夏雨が遅れてやって来たり，またその降雨量が少ないことがあると，その年の田植に大変支障をきたすのである。こんな状況のもとでなおかつ，毎年安心して移植を行なえるようにするためには灌漑が必要になってくる。北の乾燥大陸と南の常湿熱帯の境界にある長江流域で，北の灌漑技術と南の移植技術がドッキングしたことは，いってみればごく自然なことなのである。

　この灌漑移植技術の発生はおそらくは周代に溯るものであろう。そして，春秋戦国から秦漢時代にかけて，人の動きが激しくなった時，急速に長江流域全域に広がっていったのであろう。長江筋の漢墓から出る大量の陶製水田模型を見ていると，私はこんな想像をしたくなるのである。

　陶製水田模型には池を持つ谷地田の風景がよく示されている。しかし，実際には中小河川に井堰をかけて引水していたものも多かったに違いない。秦代李冰の創建といわれる都江堰はこの種の井堰のうちで最大のものであったとされている。この巨大な井堰は今も健在で，四川盆地を広く灌漑している。

5　日本の稲作

　仮に上に見たように，アジアの稲作を3つの類型に区分してみると，日本の稲作はその圧倒的な中核が照葉樹林の谷間の移植稲作のなかに入ってしまうことになる。しかし，日本にも局所的にはそれから外れた稲作も随所に見られたように思われる。さしづめ，4つぐらいのものが例外として

頭に浮んでくる。次のようなものである。

九州の火山山麓の焼畑稲作：古関原の資料を除くとしても、阿蘇の西面や雲仙の火山山麓には古いコメの出土地がある。こうした所は火山灰の上をクロボコが覆った所で、水稲耕作には不向きな所である。もしそこで稲が作られていたとすると、焼畑ないしはその近縁である切替畑でやっていたのであろう。そうなると、これは系統としては熱帯山地の焼畑稲作ということになる。

山口・九州の畑型稲作：弥生前期のものを典型として、この地区の農業は、いわゆる日本の普通の稲作と比べると、相当異様に見える。コメが少なく、かわってムギ類を含めて雑穀が多い。袋状貯蔵穴の存在や早い鎌の出現も気になる。印象だけからいうと、これこそ乾燥大陸直伝の農業という気がする。

考古資料ではないし、場所も少し離れるのであるが、この観点からすると、ごく最近まであった熊本県の白川中流域の稲の直播栽培は要注意である。この周辺には朝鮮の朱鉅にそっくりの犁もある。直播栽培を指標とする乾燥大陸の畑作型稲作の痕跡がここには感じられる。

駿河湾岸などのオオアシ稲作：山木にしろ登呂にしろ、耕起具らしいものがほとんど見つからず、そのかわりオオアシが大量に出る。こうした遺跡は多くは瀕海の低湿地のものである。こうした所では何らかの方法で草をなぎ倒しただけで、耕起は全く行なわないで、そこに直接移植していた可能性が考えられる。これは東南アジアのサワラダンからの類推である。山陰や北陸にもこうしたタイプの稲田があった可能性が高いと思われる。

高崎市などの小区画水田：高崎から最初に報告され、その後、何個所かからも報告された、あの規則的に並んだ超小型の水田である。これは普通の弥生水田というよりも、オアシスの小区画灌漑畑を強く連想させる。また、『氾勝之書』の水田にも通じそうである。ところで、普通の乾燥大陸の畑作型稲作は天水で直播だが、オアシス系の灌漑農業だとすると移植になる可能性が高くなる。移植はオアシス農耕者の好む方法だからである。この観点からすると能登健らのいう群馬県黒井峯の陸苗代の資料は大変面白い。

以上が思い当たるままに拾いあげた異形の稲作である。ごく最近には京都府八幡市内里八丁遺跡で、棒穿孔・移植稲作かも知れないようなものも見つかった。こうして見てみると、日本の初期稲作もなかなか一筋縄ではいかないということになってくる。

さて、それでは事態をかくも錯綜したものにしている理由は何なのか。その最大の理由は春秋戦国期以降の東アジアの激動であった、と私は考えている。大陸においては長江筋を仕切線として砂漠の人と森の人の接触と衝突が激増していたし、一方海ではそれに呼応するかのように東シナ海から南シナ海、東南アジアの海にかけての人の動きが活発化していた。交易商人の活動、軍隊の進撃、敗北者の移動、そういうことが鉄器文明の出現とともに起こった経済の拡大のなかで、さかんに起こっていたのであろう。日本の地理的位置を考えると、日本の初期稲作の展開にもこういうこととの関連を気にしておいたほうがよさそうである。

日本の初期稲作に対しても、型にはまった稲作農民の大陸からの移住や、その後の静止的、自閉的発展というイメージでは考えないほうがよさそうである。地域全体がすさまじく流動していた。そうした流動の中だからこそ人の移動が起こり、技術の伝播が起こった。しかし、まさにこの激動の故に生業の形態や稲作技術そのものも流動的であり、異文化を吸収する複合的なものであった。灌漑移植稲作はその照葉樹林の谷間という生態的制約のためにおいおい形を整えてはいった。しかし、その他の系列の稲作も、絶えず日本に到来していたというのが妥当な見方ではなかろうか。

参考文献

紙面の都合で引用文献はすべて割愛せざるをえない。しかし、本文の内容は拙著『コメをどう捉えるのか』（NHKブックス、1990）とほぼ同じものであるので、そちらの方の文献目録がそのまま使用していただける。今ひとつ参考になる本は渡部忠世（著者代表）『稲のアジア史』全3巻、小学館、1987、である。

大阪府立弥生文化博物館

弥生文化を総合的にあつかった，わが国で初めての博物館―大阪府立弥生文化博物館―が，1991年2月2日，弥生時代の代表的な環濠集落として著名な国史跡池上・曽根遺跡の一画（和泉市池上町）に開館した。

この博物館は，弥生文化に関する資料や情報を収集・保存・研究し，それらを通して弥生文化に親しみ，学習していただくことを目的として設立された。いうならば≪弥生文化の学習・研究センター≫を目指すものである。

以下，弥生文化に親しんでもらうことを主眼にした常設展示「目で見る弥生文化」にかぎってごく簡単に紹介しておく。

展示室はタイムトンネルと実物大の竪穴住居（弥生人のくらし）の【導入ゾーン】，6つのテーマで構成される【テーマゾーン】，ならびに大型映像を中心とした【シンボルゾーン】からなる。

展示は実物やレプリカだけでなく，「もの」が息づいていた弥生の情景もできるかぎり模型や映像で復原した。また，実験考古学を中心にした多数の映像によって，「もの」が理解しやすいように工夫した。つまり，実物・レプリカ・映像・グラフィックパネルなどが一体となってひとつのテーマを構成するという展示手法をとっている。

第1テーマ「米つくりの始まり」は，「米つくりのルーツ」「米つくりの技術」のふたつの小テーマで展示。メインは春の水田・秋の水田の模型。春の田起こしにはじまって，田植え，草取りから秋の収穫・脱穀にいたる農作業を，考古学・民族学の成果をもとに，1/15の縮尺で忠実に復元した。

第2テーマ「新しい技術の誕生」は，「鉄の威力」「銅鐸の鋳造」「生活の中の技術」の小テーマで，日本列島の人びとがはじめて経験した技術革新の実態を紹介する。

第3テーマ「ムラ・戦い・クニ」は，「戦い」「権力のシンボル」「卑弥呼の館」の小テーマのもとに，戦争や社会の階級分化などの問題をあつかう。ここの目玉は何といっても≪復元・卑弥呼の館≫だ。横5m，縦3mの大型模型に，卑弥呼の住まい・高殿・政所・倉庫群・環濠・物見櫓などに，他国の王の使者・裁きの様子・兵士・市のにぎわいなどの風景を，1/50の縮尺でことこまかく描きだしている。

「百聞は一見に如かず」。文字を何行つらねるよりも，専門的な説明をこと細かくするよりも，ビジュアルな情

大阪府立弥生文化博物館全景

景を見てもらったほうが，弥生文化理解への到達度は早いのではなかろうか。個別的な資料では描ききれない弥生文化の雰囲気を味わっていただくとともに，弥生時代におけるほとんど唯一の固有名詞―卑弥呼―を通して，3世紀ごろのイメージのよりどころを形づくってもらうことが，この模型の大きな狙いである。

第4テーマ「交流」は，準構造船の実大模型を置き，朝鮮半島や中国からの舶来品を展示し，わが国はじめての国際交流の一端を見てもらう。小テーマは「列島内の交流」と「大陸との交流」。

第5テーマ「死とまつり」は，「弥生時代の墓」「ムラのまつり」「クニのまつり」の小テーマのもとに，弥生人の観念の世界をさぐることができるコーナーだ。近畿の組合せ式木棺と北部九州の巨大な甕棺で，墓の地域性も実感してもらう。

第6テーマ「弥生人」では，弥生人の人骨レプリカや，人面を描いた土器など弥生人の自画像を一堂に会した。ここは弥生人の造形物が多く，彼らの心性が感じられる楽しいコーナーになっていると思う。

展示室中央には，LED情報パネルと呼ばれる大型映像（タテ2.5m，ヨコ3.5m）を設置し，デフォルメされた映像と文字情報によって，弥生文化のトータルイメージが獲得できるようにしている。

このほか，「泉州の歴史と文化―出土品から見た泉州の歴史―」の常設展示をおこなっているし，年間数回の特別展も開催する。開館記念特別展は「弥生の美」と題して，平成3年5月26日まで開催した。なお，解説書『弥生文化―日本文化の源流を探る―』（平凡社）も刊行したので参照していただきたい。

大阪府立弥生文化博物館へは，JR阪和線信太山駅（天王寺駅から約25分）下車徒歩約7分。水曜日休館。10時から17時まで開館。平成3年度秋季特別展『卑弥呼の世界』（10月5日～12月1日）

（広瀬和雄）

弥生時代水田の大規模調査
大阪府池島・福万寺遺跡

河内平野の一角に位置する池島・福万寺遺跡では1981年度から継続的に本格的な発掘調査が実施されている。古墳時代では玉作り集落の一角を調査し、さらに弥生時代から現代に至るまでの水田遺構が非常に良好な状態で検出されている。各時代を通して耕作遺構面が非常に広範に調査されたことによって、水利のメカニズムあるいは周辺の景観復元が可能となりつつある。

構　成／江浦　洋
写真提供／㈱大阪文化財センター

弥生時代後期水田面
　(89-1調査区)
水路1と小区画水田(下)と水路1の水口(上)。水口を塞いでいた板材が残る。

弥生時代後期水田面(90-3調査区)　斜めに横切る水路1とそれに規制され整然と区画された水田

大阪府池島・福万寺遺跡

弥生時代後期水田面
(89-1調査区)
微高地上の水田。地形の起伏によって方形区画が乱れている。

流路の護岸施設(弥生時代後期89-3調査区)
洪水によって部分的に浸食された流路肩部を板材などを用いて修復する。

弥生時代前期水田面(89-1調査区)
基本的に地形の起伏に規制された水田区画を有する

木製彩紋高坏(弥生時代前期)
弥生時代前期水田面のベースとなる洪水砂層から出土

弥生中期後半の水田跡
長野県川田条里遺跡

善光寺平の南部，千曲川右岸の若穂地区に位置する本遺跡は，自然堤防背後の後背湿地に立地する水田遺跡である。保利川・赤野田川などの水を利用して弥生時代中期から現代に至るまで一大生産地帯として展開していた。県内最古と推定される弥生中期後半の水田跡は，信濃において稲作の東漸のルートと技術を解明する上で貴重な資料となろう。

構　成／河西克造
写真提供／長野県埋蔵文化財センター

微高地縁辺部に広がる弥生後期の水田跡　D₂地区。写真上方が微高地

川田条里遺跡の全景　千曲川右岸の後背湿地に展開する

弥生後期の水田跡　A₄地区。手前に赤野田川が流れる

弥生後期の水路を伴う大畦　B₂地区

弥生中期の杭・横木を伴う水路跡　A₄地区。左側に自然流路がある

長野県川田条里遺跡

弓の出土状況 B₂地区。溝の底部付近より出土

古墳前期の二又鍬
（長66cm）C地区

弥生後期溝出土の弓（長173cm）B₂地区

弓の端部拡大写真

弥生後期水田出土の建築部材（長217cm）C地区

弥生後期水田出土の建築部材（長250cm）C地区

●最近の発掘から

弥生時代の大規模水田——大阪府池島・福万寺遺跡

江浦　洋 （財）大阪文化財センター

　池島・福万寺遺跡は大阪府八尾市と東大阪市にまたが
る遺跡であり，従前から条里型方格地割りが良好に遺存
することから「池島条里遺構」として知られていた。

　しかし，いいかえればこれは遺跡の周辺一帯が最近に
至るまで開発の荒波を受けなかったことを意味してお
り，結果として考古学的な調査成果も断片的であった。

　そのような状況下，この地に恩智川治水緑地の建設が
計画され，大阪府教育委員会の後を受けて1989年度以降
は（財）大阪文化財センターが継続的に発掘調査を行な
っている。調査面積は現在までに約4万m²，最終的に
は総面積約 40ha が調査対象となる予定である。

　当遺跡は旧大和川水系による沖積作用の影響を受けた
地域であり，土砂の堆積が非常に厚く，遺構面の数は調
査対象となる地表下約4mまでに15面以上を数える。ま
た，その多くが洪水砂により埋没しており，一般に調査
が困難な畦畔などの遺構が弥生時代から近世に至るまで
比較的良好な状態で遺存している。

1　調査の概要

　現在までの調査成果を概観すると，古墳時代から平安
時代前半を余いて基本的には耕作地としての土地利用が
なされていた状況が看取される。

　弥生時代では後述する3時期の水田遺構がほぼ調査区
全域で検出されている。

　古墳時代では弥生水田を埋没させた洪水によって形成
された微高地上に玉作り集落が出現する。時期的にはお
おむね5世紀末葉から6世紀中葉にかけてのものであ
り，滑石製品を中心に生産を行なっていたようである。
その中心は西側の調査範囲外に展開する可能性が高い
が，調査区内においても居住域の一部を検出している。
移動式竈・羽釜・甑が多量に出土するなど留意すべき点
も多い。平安時代になると当該地域一帯は条里型地割り
によって再び耕地化される。時期的には10世紀中葉であ
ると考えられ，当地周辺を包括していた荘園「玉串庄」
の開発との関連で捉えられる可能性も高い。

　その後は度重なる洪水にも屈することなく，条里型地
割りを守り続け現在に至っている。そしてその過程で水
田の一部を高く盛り上げた「島畑」が連綿と造営され，
商品作物として隆盛をきわめた「河内木綿」の生産活動
の一端を考古学的に垣間見ることが可能となっている。

2　弥生時代の水田遺構

　当遺跡では現在のところ大きくみて前期・中期・後期
の3時期の弥生時代水田面を検出している。

　弥生時代前期水田面　現在のところ検出しえた最も古
い水田面であり，弥生時代前期後半の土器群を含む洪水
砂層をベースとしている。しかし，この水田面において
検出された大畦畔中から畿内第I様式新段階の土器が出
土しており，洪水砂層堆積後，時期を隔てず周辺一帯を
水田化していった状況が想定され，三角州の先端部にお
ける可耕地の拡大という状況変化が看取される。

　当該面は T.P.＋1.0～2.1m で検出される。全体とし
ては不定形小区画水田であるが，個々の区画造営に関し
ては地形の起伏に大きく影響されており，形態・配置に
は後述する後期水田面のような規則性は見出せない。

　ただ，大局的にみれば等高線に沿う形で幹線となる畦
畔をつくり，その間を細分するという状況を看取するこ
とができる。流路のほか，水路も検出されているが，そ
の全容は明らかではない。流路では肩部に直交する形で
杭が打設された箇所もあるが，それに伴う導水施設など
は検出されなかった。

　弥生時代中期水田面　この水田面は T.P.＋1.8m 前
後で検出されたものであり，基本的には前期水田面と同
様に南東から北西に向けて傾斜している。この面での畦
畔の検出は非常に難しく，一部では洪水の度に作り直さ
れた水田を一度に調査した部分や洪水による浸食作用に
よって大畦畔以外の小畦畔がほとんど検出できなかった
部分もある。しかし，これは一方では当該面全域が耕地
化されていなかった可能性をも示唆するものである。

　ただ大畦畔の状況からすれば，前期水田面と同様に等
高線に平行する形で大畦畔をつくり，それに直交する形
で小畦畔を設け水田を細分するという状況を見出すこと
は可能である。

　また，水路を伴う大畦畔の一部には木杭による護岸を
行なった箇所も認められる。出土遺物は全体的に多くは
ないが，簾状文を有する無頸壺などが出土しており，そ
のいずれも畿内第III様式から第IV様式にかけてのもので
ある。当該水田面経営の一時期を示す資料といえよう。

　弥生時代後期水田面　次頁の図に示したように当遺跡
において最も良好な状態で検出された水田面である。土

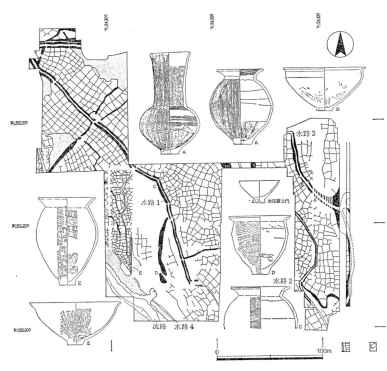

池島・福万寺遺跡の弥生時代後期水田面

砂の堆積などの地形改変に伴う水路の追加あるいは改修などの状況から大きくみても2時期に細分される。

大局的な地形としては南東部が T.P.＋2.8m，北東部が T.P.＋1.5m を測り，全体として緩やかに傾斜してゆく景観を呈する。ただ，細部をみると水路1および水路3に挟まれた部分が T.P.＋2.4〜2.7m を測り，さらに流路の南西側も T.P.＋2.7m を測る微高地となる。したがって水路1および3はこの微高地間の鞍部をはしり，全体としては鳥肢状の微地形を呈している。

検出遺構は調査区全域に広がる小区画水田，それに伴う大畦畔・水路・水口・島状高まりおよび流路である。

全体的な景観をみると南西部で検出された流路・水路4および水路2が取水機能をもつ導水路であると考えられる。また，水路1および3がいずれも微高地間の鞍部となる低所を北流していることから，いずれも排水路としての機能を有していたものと考えられる。

また，水田区画では微高地上で起伏を生じている部分では，できる限り方形に近い区画を造成しようという意識が感じられるが，結果としては等高線に沿う形で幹線の小畦畔をつくった後にそれを細分するという形態をとっている。

しかし，調査区の北西部にみられるような部分では非常に整然とした方形区画の水田が造成されている。これは地形的にこの部分が微高地間の谷部の出口付近にあたっているためきわめて緩やかな斜面地形を呈し，大畦畔間の区画では各水田間の比高差が 20cm 前後であることに起因している。

さらに大きくみれば鞍部を横切るように大畦畔が作られており，これを挟んで北側では水田面レベルが T.P.＋1.7m〜2.0m，南側では T.P.＋2.0〜2.3m を測る。すなわち，30cm 以上の高低差を生じた場合に大畦畔が造成されることが看取されるのである。

また，ここでの状況で留意されるのは微高地上の場合とは異なり，水路に平行する形，すなわち等高線に対して直行する形で幹線となる畦畔がつくられ，その後に保水性を考え細分していくという小区画水田の造成方法が想定される点である。

いずれにしても，非常に広範な面積において水田が検出されたことによってそのメカニズムの一端が明らかになったものと考えている。

この水田の時期としては農耕祭祀に伴うと考えられる大畦畔内に埋納された土器から弥生時代後期中葉にはすでに存在し，後葉に至るまで若干の改変を加えながら存続していたと考えられる。

3 今後の課題

以上，弥生時代の水田遺構を中心に概要を記した。

とくに，前期水田面の下層にも土壌化した黒色粘土層が存在しており，しがらみ状の杭列やそれを覆う洪水砂層からは鍬などの農具のほか，木製彩紋高坏や土器・石器が出土している。今後の調査でこの面からもさらに古い段階の水田遺構が検出される可能性は非常に高い。

現在のところ調査範囲内においては古墳時代の一時期を除いて居住域の検出をみないが，逆にいえば弥生時代のみならず，各時代を通して生活基盤たる耕作地を広範にしかも面的に調査できたことは非常に重要であると考えている。

とくに弥生時代後期では洪水砂層中の遺物出土状況などを勘案するならば水田域の南側のほど遠からぬ地に居住域が存在していた可能性が高い。

今後は検出した水田面をはじめとする耕作地の多角的な分析に加えて，非常に広域にわたる水田遺構の母体となる集落，あるいはその構成員の墓域などを含めた広義の集落としての景観を総体として復原していくことが必要であるといえよう。

●最近の発掘から

中部高地の水田遺跡────長野県川田条里遺跡

河西克造 (財)長野県埋蔵文化財センター

　長野市若穂に所在する川田条里遺跡の調査は，上信越自動車道建設に伴い，（財）長野県埋蔵文化財センターにより平成元・2年度の2ヵ年にわたって実施された。

　遺跡が立地する千曲川右岸の後背湿地のほぼ中央部を路線が横断するため，調査対象面積は約10万m²と広大で，県内では類を見ない水田遺跡の調査となった。

　その結果，微高地と水田域の関係，時期ごとの水田区画の変遷をはじめとして多くの成果があがった。

　発掘調査は，昨年12月に終了し，現在報告書刊行のための整理作業を行なっている。したがって，ここでは2年間の調査のなかで，すでに公にした資料を基に成果の概要を記し，遺跡の最終的評価は本報告に譲りたい。

1 川田条里遺跡の概要

　遺跡は，長野市の東部，若穂川田地籍に位置する。この若穂地区は，千曲川によって形成された自然堤防と保科川と赤野田川の両河川によって形成された扇状地から構成されており，千曲川の自然堤防の背後から扇状地の

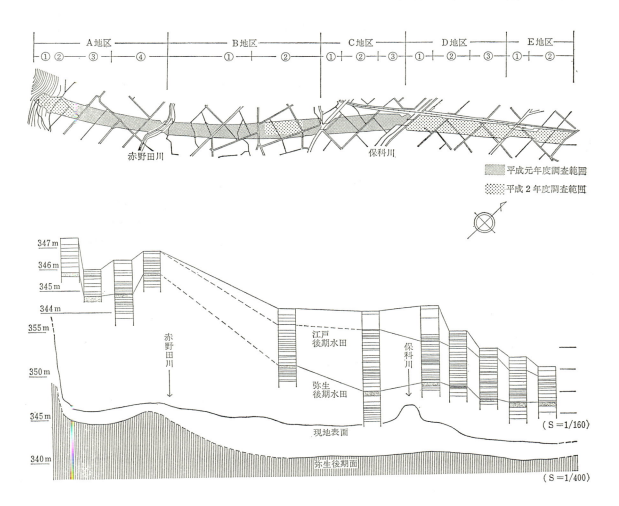

図1　川田条里遺跡の発掘区（S≒1：16,000）と土層柱状図

扇端部にかけて広がる後背湿地に遺跡は展開する（口絵）。

川田条里遺跡の発掘調査では，便宜上道路・河川を境としてA～Eの地区を設定し，さらに，1～4と細分した（図1）。現在では，A・C・D・E地区で条里型土地区画を確認できる。

調査は，トレンチ調査の後，面的調査に移行し，平成元年度にA・B（一部）・C地区，2年度にA・B地区の残り・D・E地区を実施した。その結果，土砂の堆積が最も厚いC地区では，地表面下4，5mに弥生水田が存在し，排水のための外周トレンチの深さが7mにも及ぶ常識では考えられない深さの調査となった。

弥生時代の水田　水田跡は遺跡のほぼ全域から確認されたが，A・B地区で検出された水田区画は，上層の古墳水田と比較して狭い範囲であった（図2～4）。弥生水田の詳細は次項で記すことにする。

古墳時代の水田　水田跡は，遺跡の全域から検出された。A～C地区の水田跡は，洪水砂による埋没水田で，微高地の縁辺部に位置するD・E地区では，水田跡上面に自然堆積層は見られなかった。

A₃地区で検出された前期水田の区画は，芯材（木材）を多用する大畦が不規則に走り，不定形な区画を形成し，小畦は確認されない状況であった。一方後期水田は，遺跡の西側・中央部付近で顕著に確認され，大畦には芯材として自然木の他に建築部材・木器の転用が普遍的に見られた。

水田跡は，自然地形を利用して大畦で大区画（第一次区画）を設定し，内部にいわゆる「小区画水田」を形成する様相で，水田域の拡大がみられた時期でもあることから，この時期，首長層による組織的な水田経営が存在したと思われる。

奈良・平安時代の水田　B地区で奈良時代と思われる水田跡が確認され，その水田区画・水利形態は基本的に古墳水田を踏襲している。しかし，平安時代の水田跡は，大畦とそれに伴う水路跡が東西方向につくられ，小畦は，東西南北方向につくられている。本遺跡では，該期に奈良期までの土地利用を大幅に改変する行為があり，条里の起源とは直接結び付けられないが，条里型土地区画の原形はここに求められると推定される。

鎌倉・江戸時代の水田　両時代の水田跡が砂層で被覆され，検出されたC地区の状況では，鎌倉時代の水田跡は，現条里景観の水路が該期まで遡ることがわかり，畦は水路に直交・平行する形で，水田一筆の面積がほぼ同じであった。江戸時代の水田跡は，鎌倉時代の区画を踏襲し，同位置で水路が確認され，水田一区画分を畑地に転用

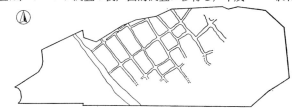

図2　A₃地区の水田跡（弥生後期）

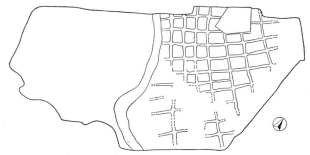

図3　A₄地区の水田跡（弥生後期）

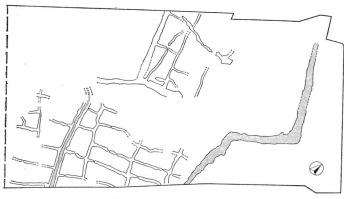

図4　B₂地区の水田跡（上半部：弥生中期，下半部：弥生後期。網部分は水路と予想される遺構）

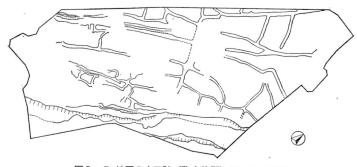

図5　C₂地区の水田跡（弥生後期）（S＝1：1,200）

していた。

2 弥生時代の水田立地と区画

弥生中期の水田跡は、A_4 地区と B_2 地区で検出され、前者は、水田区画の他に自然流路に沿う水路跡が確認された（口絵）。水路は、杭列と横木で構築され、構築材とともに中期後半の甕が出土した。一方後者では、地形に沿う大畦と同方向の小畦が検出された（図4上半部）。水田一筆の面積は約 30m² で、大畦からは多量の芯材（自然木）と中期後半の甕が出土した。

弥生後期では、A〜E地区にかけて水田跡が確認された。水田一筆は 20〜40m² が多く、大畦は古墳水田のように規則的に配されていない。小畦は地形の傾斜を多分に利用する目的で区画され、傾斜と同じ方向に水口がつくられている。

B地区では、水路を伴う大畦が水田域の西側にあり（口絵・図4下半部）、水田内の灌漑水は、扇端部に存在したと推定される主要な水路より引き込み、この大畦から配水したものと考えられる。また、護岸施設を持つ溝が東側で検出されたことは、取水・配水の設備が中期より完備されたことを物語るであろう。

C地区では、明確に方形の水田区画を確認できなかったが、蛇行する自然流路に直交・平行する形で畦畔がつくられていた（図5）。

一方、微高地の縁辺部に位置するD地区では、微高地の裾部に弥生後期の方形周溝墓などが見られ、裾部の凹凸に合わせて、方形周溝墓を意識した区画の水田跡が展開していた（口絵）。

該期の出土遺物で特徴的な木製品は、二又鋤（口絵）、建築部材としては、高床建築の出入口に用いられた框材・蹴放し材（口絵）、溝の底部より完形の弓（口絵）が出土した。

弥生時代を総体的に概観すると、大畦の検出頻度が少なく、B・C・D地区で確認できた大畦の状況は、水田域を一定の空間ごとに区画する目的を具備したにしても、大畦が生産の基本的単位を意味する古墳後期と比較すると、該期には未だ大畦の存在は普遍化していないと推定される。

水田の立地は地形の細かな凹部に中心を置く小規模な水田で、地形を大幅に改変することはなく、自然地形の凹凸に左右され、反面これを限りなく利用し、雑草対策などの自然条件を完全に把握できていない水田経営を本遺跡の弥生水田（とくに中期）の様相と捉えられないだろうか。

このイメージは、以前、近藤義郎氏[1]・八賀晋氏[2]が初期の稲作技術と水田立地について提示した説に類似する。現在、水田遺跡の発掘調査により、「水田（稲作）

は、初期の段階において既に完成された形であった」とする考え方がかたや定説化しつつある。

したがって、本文は研究動向に若干逆行する面もあるが、結論は今後の課題としておきたい。

3 まとめ―稲作文化を受容した川田条里遺跡―

川田条里遺跡の弥生後期水田の標高は、340〜345m をはかる。全国各地で水田遺跡の調査が行なわれているが、たぶん本遺跡と周辺地域の水田遺跡（石川条里・更埴条里遺跡[3] など）で確認された水田跡が、現段階ではわが国で最も海抜が高い稲作の実証的資料であろう。

近年山梨県宮ノ前遺跡で弥生前期の水田跡が発見され、ほぼ同時期に川田条里遺跡で県内最古と推定される水田跡が発見されたことを考え合わせると、弥生時代、海抜が高く、現在寒冷地の中部高地にも稲は確実に伝播され、水田跡として具現化していることはもはや事実であり、その水田は、他地域と比較しても同様な技術を持った水田経営と考えられる。

従来、水田遺跡から日本の稲作文化を考える際に、信濃国は蚊屋の外で見守るにすぎなかった感があるが、稲作技術の東漸という大きな流れのなかに本遺跡は確実に位置づく。

東海地方より天竜川・木曽川を北上した稲が、盆地形の信濃国にどのように伝播したか、明確にされる日もそう遠くないと推察される。

註

1) 近藤義郎「初期水稲農業の技術的達成について」私たちの考古学、4—3, 1957

2) 八賀晋「古代における水田開発」日本史研究，96, 1967

3) 石川条里遺跡は、千曲川の左岸に位置し、長野自動車道関係で当センターが、昭和63年度から今年度7月まで調査を実施し、更埴条里遺跡は、石川条里遺跡の対岸に位置し、上信越自動車道関係で今年度4月より調査を実施し、現在調査中である。

・引用（参考）文献（年報・紀要は長野県埋蔵文化財センター刊行）

大竹憲昭・河西克造「川田条里遺跡」年報6, 1990

河西克造「古代水田跡調査の実践と問題点」紀要3, 1990

河西克造「川田条里遺跡」第3回　東日本の水田跡を考える会―資料集―, 1990

大竹憲昭・河西克造ほか「川田条里遺跡」年報7, 1991

平野・外山「弥生前期の水田址」帝京大学山梨文化財研究所報10, 1990

連載講座
縄紋時代史
11. 縄紋人の生業(3)

北海道大学助教授
林　謙作

　前回，縄紋人の狩猟活動の一例として，仙台湾沿岸のいくつかの貝塚のトリ・ケモノの組成を紹介し，内湾型・河口／丘陵型・森林／湖沼型などにわけた。それほど広くもない地域のなかに，いくつもの類型を設定できることは，この地域の景観が変化にとんでいる結果にほかならない。縄紋人は，この条件をたくみに利用し，生活の基盤をきづいていた。彼らは，統合をもとめて広い範囲の交流をたもつ一方，固有の領域のなかで割拠・自立する。さまざまな活動のうち，生業には，どちらかといえば割拠の傾向があらわれる。捕獲・採集活動にたよって生活しようとすれば，身のまわりの自然を知りつくさねばならない。生業にみられる割拠の傾向は，その当然の結果である。ただし，割拠の傾向だけを読みとるのは，片手落ち・資料の浅読み，といわねばならぬ。

　この問題は，縄紋人の領域・生活圏・地域社会の交流，などの問題と深くかかわっている。ここではこれ以上の深入りはさけ，前回紹介したデータを軸として，縄紋人の生業を復元するうえでのいくつかの問題について考えることにしよう。

1. 季節推定の原理と現状

　さきにあげたような，仙台湾沿岸のいくつかの狩猟活動の類型は，ガン・カモ科，シカ・イノシシなど，おもだった獲物の比率の違いといっても差支えない。狩猟を中心とする労働の割振りかたの違い，といってもよいだろう。それでは，狩猟シーズンをはずれた季節には，おなじ生業のうちでも，どのような活動をしていたのだろうか。いいかえれば，さまざまな生業活動は，四季を通して，どのように配分されていたのだろうか。さまざまな生業がいつおこなわれているのか，それを

どのようにして割りだすのか，その問題を考えてみることにしよう。なお，季節推定という作業の範囲を，すこしゆるやかに解釈し，生業のおこなわれた季節ばかりでなく，層の堆積・施設の構築などの季節にもふれることにする。

　季節を推定する方法には，
　①層の母材や堆積物の特徴による推測（マトリックス）
　②動・植物の生態にもとづく推測（エスティメイション）
　③遺体そのものの検査にもとづく査定（デターミネイション）

の三種類の方法がある。ヨーロッパでは，①は季節の判定をもふくめた，環境復元の手段として定着している。しかしわが日本国では，このごろになってようやく地形・地理などの研究者が，この方面に注意するようになったばかりである。②は③にくらべると，推定の幅が大きい。そのかわり，動・植物の生態について，ある程度正確な知識があれば，専門家でなくとも大まかな推測はできる，という利点はある。しかし花粉や種子・果実となると，専門家でなければ歯が立たない。動物にしても，動物分類学・生態学の専門家の助言がなければ，おもわぬ大ケガをすることになりかねない。ただし，われわれが必要とする知識をもちあわせている専門家は，両手で数えるまでになるかどうか，というのがこの国の現状である。この国の動・植物の科学が，博物誌（ナチュラル＝ヒストリー）の伝統に根をおろしていないところに，その原因がある。

　いつ渡り鳥がやってきて，いつ植物が実をむすぶのか，誰でも知っている。樹木の年輪でも，温度の高い季節にできた部分と，温度の低い季節にできた部分は，区別がつく。季節推定の手掛かりになるもろもろの現象，それを「季節指標」（シーズナル＝インディケイター）とよんでいる。

　動・植物の遺体を，季節指標として活用した歴

史は，19世紀なかば，ヴォーソー，ステンストルプ，フォルヒハマーらの委員会が，世界にさきがけて貝塚の調査を実施したときにさかのぼる[1]。1930年代には，トナカイやアカシカの落角と生角・乳歯と永久歯の比率にもとづいて，緻密な議論がかわされるようになっている[2]。1954年に刊行されたスター・カーの報告書は，世界各地の研究者にふかい影響をあたえた[3]。1970年代後半から1980年代はじめには，のちに紹介する「成長線分析」が考古資料にも応用されるようになり[4]，推定の精度は一段とたかくなった。この手法は，ただちにこの国にもつたわり，1980年代になって，季節推定をとりいれることが，ようやく貝塚の調査報告の定石の一つになった。ヴォーソーらの業績におくれること一世紀と四分の一。

　いまのところ，植物の季節指標は，木の実・草の種が中心となっている。ドングリ・トチ・クリ・クルミなどの収穫期が，秋だったことは間違いない。しかしこれらの堅果類は，普通は貯蔵してしまう。クワなどの果実・木苺類などの液果のように，貯蔵せずに食べてしまうもの，利用したかどうかもわからぬ雑草の種子などのほうが，季節指標としては有効だ。

　動物では，渡りをするトリ・季節的に回遊するサカナや海獣などが，有効な季節指標になる。サカナの骨の大きさから体長を割り出し，そのバラつき（体長組成）を調べると，捕獲した季節の見当がつく。これらについては，のちに説明する。人骨についていたニクバエの蛹のぬけ殻から，埋葬の時期を推定できた例もある[5]。

　生物の遺体の検査にもとづく季節の判定は，ケモノの歯・サカナの鱗・貝殻・樹木などを対象としている。いずれも，生物の成長のペースが，温度や栄養の供給量などの変化のせいで，きまった周期で変化をくり返すことを基礎としている[6]。これまであげた例からわかるように，この方面の研究では，植物はあまり勢いがよくない。しかしまったく皆無というわけでもないし，将来有望な方法もある。

　那須孝弟の教示によれば，長野・仲町の草創期の土壌の埋土から，トチの花粉が大量にでたという。初夏　萌黄色の花をつけていたトチの枝を，死者の上に盛りあげ，野辺の送りをしたのだ，というのが那須の推定である。これから，季節を推定するうえでも，花粉分析が威力を発揮する場合

もふえてくるに違いない。樹木の年輪の読みとりは，奈良国立文化財研究所などが研究をすすめている。当然のことながら，年輪年代の確立に精力を集中している。この方面のメドがつき，余力がでてくれば，季節推定の有力な武器になることは間違いない。作りかけ（まれにはでき上り）の木器には，皮付きのままのものがある。年輪を読みとれば，原木を切りだした季節は確実にわかり，木器を作る季節も推定できるだろう[7]。

　温帯・寒帯では，樹木の成長は，気温と雨量によって左右される。気温の低くなる季節には樹木の育ちは遅くなり，木目の詰まった部分（冬材・冬輪）ができる。気温が高くなるとともに成長は早くなり，木目の粗い部分（春材・春輪）ができる。伐採した樹木の切口を観察して，一番外側に春材ができあがっていれば，その樹木を切倒したのは低温期にはいってからで，冬材ができあがっていれば，高温期にはいってからのことだ，と判断がつく。冬材・春材の数をかぞえれば，その樹木が切倒されたときの樹齢もわかる。これが年輪の読みとりの原理である。

　樹木は，外界からの影響をさえぎり，生命を維持するうえで必要な活動（「成長」はその結果である）をできるだけ安定した状態にたもつ仕組み（homoeosatasis）として，樹皮しかもちあわせていない。だから，寒帯・温帯の樹木の成長は，一年ごとの山―谷の繰返しになる。体温を気温より高くたもち，活発な生理作用を維持する，というのは，かぎられた種類の動物だけが獲得した仕組みなのだ。貝やサカナなど変温動物のホメオスタシスは，ここまで発達していない。栄養の取りこみ・老廃物の掃きだしは，気温の高い季節には活発になり，気温が低くなると不活発になる。貝やサカナでも，緩―急の成長のペースは，はげしくしかも規則的に変化する。トリやケモノのように，体温の変化をおさえる仕組みをもちあわせている動物でも，歯や骨はそのシステムとのつながりは弱いから，貝やサカナとおなじように，成長の山と谷がめだつことになる[8]。

　こうしたわけで，歯・鱗・貝殻なども，樹木の冬材・春材にあたるパターンを読みとることができる。歯・鱗・貝殻を切って，切口をうすく剥ぎとって薄片標本にする。プレパラートを顕微鏡で観察すると，樹木の年輪のような縞模様がみえる。この縞が「成長線」である。幅のせまい色の

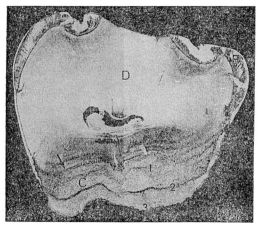

図1 イノシシの臼歯の成長線（丹波篠山産）
エナメル質(E)の内側の象牙質(D)にも成長線はみえるが，その下側のセメント質(C)ほど鮮明でない。形成の完了した春輪が3本・冬輪が2本。この個体は，三本目の冬輪(3)の形成中に捕獲され，推定年齢2.5歳。註10)による。

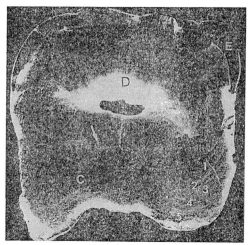

図2 イノシシの臼歯の成長線（伊川津出土）
冬輪が5本まではみえ(白抜数字1～5)，それより外の成長線は歯の表面が腐蝕をうけたためみえない。推定年齢6～7歳。註10)による。縮尺は図1も約8.5倍。黒白反転像。

濃い縞が成長の谷の部分（図1—1～3），色が薄く幅の広い縞が成長の山の部分にあたる。濃淡一対の縞が，成長の一周期をしめすわけである。歯・鱗では樹木とおなじく寒暖，貝殻では満潮・干潮による周期だから，おなじ一周期とはいっても，時間の長さでは360倍以上の違いがある。

樹木の年輪にも「偽年輪」ができ，一対の春輪と冬輪が一年がかりでできるとはかぎらない。なみはずれの気温や降水量，その結果ひきおこされる樹木の異常な生理作用が原因である。歯・鱗・貝殻にも異常な成長線ができる場合がある。図1のイノシシの歯でも，象牙質とセメント質の境（→）のあたりに異常な成長線がみえる。何本もの成長線のうち，どれが正常でどれが異常か，正確にみわけるには，かなりの経験が必要だ。

もっとも外側にある成長線が春輪か冬輪か，それによって人間が捕獲した季節，さらにそのときの年齢もわかる。ただし，出土資料の場合，肝心な表面が腐蝕をうけ，判定にかなりの幅を見込まねばならぬ場合がおおい（図2）。また，ケモノの歯は，乳歯と永久歯の生えかわる時期に個体差があるし，環境にも左右される。判定の結果にも，半年から一年前後の誤差が生まれる。

成長線を観察し，捕獲の季節や年齢を査定するのが「成長線分析」である。ケモノの成長線分析は，大泰司紀之が現生のシカで先鞭をつけ，大泰司や小池裕子が縄紋時代のシカに応用し[9]，近ごろイノシシの観察結果もまとまった[10]。貝の成長線分析の軸となっているのは，小池裕子のハマグリの研究である[11]。ハマグリのほか，最近数年のうちに，ハイガイ・アサリなどをとりあげた成果が発表され，ヤマトシジミの成長線の観察もすすんでいる[12]。農林水産省や漁業会社の資源調査では，年齢の判定にサカナの耳石の成長線をもちいている[13]。年齢ばかりでなく，いつ捕ったのか季節もわかる。資源調査の場合，それはわかりきっているから，問題にしないまでのことだ。外国では，耳石を観察して生業・居住の季節を推定した業績がある[14]。この国では，考古資料にこの方法を応用した，という話はまだ聞いたことがない。動物遺体を手がけている数少ない研究者に，なにもかも要求するのが無理なのかもしれない。しかしタイ類・カツオ・マグロなど中型以上のサカナの背骨の春輪・冬輪は肉眼でも数えることができる。これもアメリカでは考古資料に応用されているが[4]，縄紋の貝塚でサカナの年輪を数えた，という話は耳にしていない。「常識」と日常の経験を活用する余地は，まだまだおおきい。

2. 季節の推定

生態にもとづいて推測をするか，さもなければ列島の内外にかろうじて残っている習俗にもとづいて類推をする。少なくともいまのところ，このほかに植物性の資源（とくに堅果・地下茎・球根など）の収穫期を推定する方法はない。こと季節推定にかかわるかぎり，植物遺体そのものがあって

もなくてもおなじことだ——ともいいたくなるほど，植物による季節推定の方法の開発には，立ち遅れがめだつ。

動物の場合には，考古資料そのものにもとづいて推測・判定をすることができる。すべての縄紋人が，植物性食料なしですごせたわけはないのだから，動物性食料の供給のとぎれる季節・備蓄（ストック）が底をついてしまう季節をわりだし，その穴を埋める手段として，植物性資源を採集する季節・備蓄の規模や手段を推測するのが確実な方法なのだ。

私自身の古い（20年前！）仕事だが，宮城・浅部のトリ・ケモノにもとづく季節推定[15]をマナイタにのせる。この貝塚の位置や時期は，前回ふれているので説明ははぶく。貝層の拡がりは，南北10m・東西6mのなかにおさまるだろう。大まかにみれば，層の傾斜・厚さは，大木8b以前・大木9前半・大木9後半で，緩—急—緩・薄—厚—厚と変化する（図3）。

秋口から冬の前半には，トリ・ケモノは，彼らにとっては迷惑な話だが，食料としても，羽毛を利用するにしても，もっとも利用価値の高い状態になる。だから，縄紋時代にもトリ・ケモノの狩猟のピークは，この国の法律のうえの狩猟シーズンにあたる[16]，この時期だったに違いない——というのは，いまの常識での推論。縄紋人は，狩猟を生活の手段の一つとしていた。この常識が通用するとはかぎらない。常識にたよらずに，狩猟シーズンを推定する方法はないだろうか。おもだった獲物——シカ・イノシシとガンカモ科のトリが問題になる。

表1 浅部貝塚のシカ・イノシシ・ガンカモ科の層位別分布

層 序	時 期	シカ	イノシシ	オオハクチョウ	マガン	ヒシクイ	カモ 中	カモ 小	備 考
I l	9 新	4	1		1	1		7	砂質
m	〃	6	2				1	9	粘土質シルト
n	〃	7	4	2				13	砂質（焼土粒を含む）
o	〃	11	1	1	2			18	粘土質シルト
II a	大9 古	5	5	3	1	1	1	17	貝（ヤマトシジミ**・ヌマガイ）
b	〃	6	4	1	1	3	1	16	粘土質シルト
c	〃	7	5	1	1			15	貝（ヤマトシジミ**・マルタニシ）
III a	プレ9	6	1	1				8	ローム*（木炭片を含む）
b	木 8b	7	5					8	貝（ヌマガイ**・カラスガイ？）
c	〃	5						5	ローム*
IV a	〃	1	3					1	破砕貝（ヤマトシジミ**・タニシ）
b	8a, 8b	3	4					3	粘土
								7	砂
		71	31	9	3	6	4	3	127

*砂・シルト・粘土を同率に含む「土壌」　 **主流となる種
註11）表I・IIを改変

浅部では，ガン・カモ科のトリが，もっとも確実な季節指標となる。浅部では，南北にのびる斜面の西面に設定した2m幅のトレンチのうち，北よりのJ—Mの四区からは，ガン・カモ科の骨はほとんど出ていない。G—Iの三区では，ガン・カモ科の骨が出ている層・出ていない層がある（表1）。どのような解釈ができるだろうか。浅部の東6kmほどのところにある伊豆沼では，11月中旬になるとガン・カモ科のトリの渡りがはじまる。寒さが厳しくなるにつれて，渡ってくるトリの数も種類もおおくなり，2月には列島のなかでも一，二を争うほどの数が越冬する。3月にはいると伊豆沼をはなれる群れがあらわれ，月末にはほとんどすべて姿を消してしまう（表2）。ガン・カモ科の狩猟シーズンのピークは，この前後，暦のうえの大寒の頃，と考えても不自然ではない。

ガン・カモ科の出ている層は12月から翌年3月のあいだ，出ていない層は4月から10月までのあいだに堆積したに違いない。シカ・イノシシは，ガン・カモ科の出ていない層（たとえばIIIaより下の各層）でも出ている。しかしその個体数は，ガン・カモ科の出ている層では，出ていない層よりもおおい。したがって，シカ・イノシシの狩猟も，春・夏にもおこな

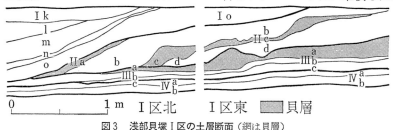

図3 浅部貝塚I区の土層断面（網は貝層）

われてはいたが，最盛期はガン・カモ科の狩猟と前後する時期だったに違いない，20年前にはそう考えた。この判断は間違いではない。しかし，推測に穴があったり，説明が舌たらずだったことは確かだ。

一枚の「層」の堆積がはじまってからそれが終るまで，どのくらいの時間がかかっているか。それがここで問題となる。一枚の層が，数日から1〜2週間くらいのあいだにできあがってしまえば，問題はない。しかし，数カ月かかるとすれば，ガン・カモ科の骨が出ていたとしても，その層の堆積は冬のあいだもつづいていた，ということしかいえない。浅部の場合，ガン・カモ科の骨が出ているからその層は冬に堆積した，などと判断しているわけではない。層の母材・規模・断面の形状の観察が判断の土台になっている。

上部（II-Io）では，砂質の層・粘土まじりシルトの層がたがい違いのかさなり（互層）オーターネイション になっている。粒の粗いもの・細かいものが，かわるがわる堆積しているわけである。傾斜や供給される物質の性質や量がかわらないとすれば，流れる水の量がおおく，勢いがつよいほど，後に残る物質の量は多く，粒は粗くなる。砂質・粘土まじりのシルトの互層は，降水量のおおい季節・すくない季節の堆積のくりかえしの結果，と解釈できる。また，層が露出している時間に比例して，平面の拡がりは大きく，厚さは薄くなり，断面の形は，デコボコがなくなり，レンズ形・紡錘形にちかくなるはずだ。浅部の層は，きわめて不規則な形である（図3）。層が露出していた期間は，短ければ数日，長くても数週間をこえないだろう。

土層の観察は，考古学を専門とするものの固有の武器の一つだ。季節性の推定という仕事をすすめるうえでも，この武器は手放せない。浅部の層序について，かなりたちいった説明をしたのは，それをいいたかったからだ。ところで，浅部の層序の観察は，決してじゅうぶんではない。一枚の「層」が，岡村道雄らが強調している堆積の最小単位[17]といえるのかどうか，そこの確認はできていない。だから，冬に堆積した，と判断している層が，冬にも堆積していたのではないか，といわれれば反論のしようはない。ただし，トリ・ケモノの骨と生態を手掛かりとして，季節推定をしようとすれば，ひとつの「体積の最小単位」のなかの資料では何もいえない，という結果になる。こ

れがこの方法の弱点で，資料のまとめかた・選びかたに工夫をこらす必要がある。

浅部では，ガン・カモ科の骨が出ていない層から，ウ属の骨が出ている。ウ属は四季を通しておなじ場所に棲む場合がおおいから，それだけでは判断のたしにはならない。しかし，IIk層からでている一本の上腕骨は，骨の表面に小さな孔が無数にあり，スポンジのようにみえる。成長したトリ・ケモノの骨は硬く，表面は滑らかで，光沢がある。成長とともに，膠原繊維コラーゲンの立体的な網の目に，燐酸カルシウムの結晶がしみこみ，骨化した結果である。アカンボやヒナの場合，ようやく骨のかたちがたもてる程度だから，コラーゲンが抜けてしまった骨は，スポンジのようになる。IIk層のウの骨は，骨化はすすんでいないが，大きさは成鳥とあまり違わない。まもなく巣立つくらいのワカドリで，夏の終りころ捕獲されたのだろう。野生の動物が繁殖する季節は，ほぼきまっているから，どこまで成長しているか，骨から読みとれれば，季節推定の手掛かりになる。

トリ・ケモノが死ぬまで，骨化はつづく。ところがシカの角は，一年ごとに骨化を繰返し，春〜夏は骨化しない袋角ふくろづの，秋〜冬には骨化して枯角かれづのになる。枯角が脱け落ちるのは4月中旬〜5月。6月にはすべて袋角になる。有機質の抜けた袋角は，アカンボの骨とおなじように，スポンジのようになる。浅部では，袋角はまったく出ておらず，ほとんどすべて角座骨かくざこつで頭蓋骨につながった生角せいかく。自然に脱け落ちた枯角（落角らつかく）は，角のつけ根（角座）がザラザラしたクッキーのようになっているので，生角と間違うことはないのだが，これもすくない。枯角がシカの頭にのっているのは，秋口から春の中ごろまで。シカの骨がまとまって出て，しかも同じ層にガン・カモ科の骨もある。となると，シカ猟の最盛期は冬だ，と考えるのは無理な推測ではないだろう。

金華山のシカを観察した経験では，1月にはいると，前年の春に生まれたアカンボの死体が目につくようになり，オトナもめだって肉が落ちる。11月・12月がシカ猟の最盛期だろう。西本豊弘が，丹波篠山で観察したところでは，獣肉店にももんじや痩せたイノシシが目立つようになるのも1月以後だという。イノシシ猟もシカ猟とおなじ頃，最盛期にはいるのだろう。

浅部では，トリ・ケモノのほかに，ヤマトシジ

ミ・タニシ・ヌマガイ？などの貝，フナ・ギバチなどのサカナも出ている。貝類ではイシガイ・カラスガイ，サカナではウナギ・ドジョウをくわえれば，この付近の淡水性貝塚からでているおもだった魚介類は，ほぼ出揃う。ほとんどが川の淀みや沼を棲みかにするものである。岩手・貝鳥や宮城・中沢目ではイシガイが，中沢目や館ではニゴイ，宮城・山王ではウグイが出ている。これらは河川の中流から下流の瀬と淀みのあいだを棲みかにしている。岩手・岩屋洞穴のような山あいの遺跡では，ヲワシンジュの貝殻・陸封型のサケ科の背骨[18]が，いずれも水温の低い急流を棲みかにしている。大まかにみれば，本州東北部では，一本の水系のなかの地理的な位置や微地形によって，魚介類の顔ぶれはこのような変化（＝遷移）をしめすはずである。

これらの魚介類を捕獲したのはいつだろうか。川口や海でとれるサカナの場合は，漁期をかなり確実に推測できる，という見通しはついている。ヤマトシジミも，このなかに入れてよいだろう。ハマグリ・ハイガイ・アサリの季節推定は，すでに実用の段階にはいっている。しかし仙台湾沿岸の淡水性貝塚で主流となっている貝やサカナとなると，まったく手つかずの状態なのだ。いまのところ，本州東北部の縄紋人が，アユやサクラマスを獲っていたのかどうか，それさえもわからない。中流域より上手の河川・湖や沼——内水面での縄紋人の漁撈の中身には，まだまだわからないことが多い。動物の生態・伝統的な生業にもとづく推測を利用する余地は，まだまだ残っている。

ヌマガイやタニシは，夏の産卵期（7～8月）には捕獲をさけ，獲りやすくなる秋～冬の渇水期を狙うのかもしれない。その程度の見当しかつかない。フナ，それにドジョウは，産卵期・渇水期には群れになるから，大量にとることができる。フナやドジョウは，渇水期になると水際の湿地にあつまり，泥のなかで越冬する。アナ場にあたれば，笊ひとつでも，1カ所で50匹前後はとれる。ドジョウの越冬している場所には，小さな空気穴がかたまっており，ドジョウとりの目印になる。東京あたりでは，この穴を目印にして泥にもぐっているドジョウをとるのを，「目掘り」とよんでいた。棒の先に木綿針をくくりつければ，目掘りの道具ができあがる。いわゆる骨針（じつは角針がおおい）のうち，短くて細身のものは，目掘り

棒の先としても使える。

フナやドジョウをまとめて獲ろうとすれば，越冬から産卵までのあいだが狙い目になる。仙台湾沿岸の湖沼地帯の貝塚では，フナの骨がきわめておおいが，コイはほとんど出てこない。コイ科のサカナは，顎の内側に生えている歯の大きさと形がそれぞれ違う。その形から見ても，この地域ででているコイ科のサカナのなかで，フナの比率がとびぬけて高いことは間違いない。コイは，深みで越冬し，群れも作らない。この地域の貝塚でフナばかり目につくのは，フナ獲りの最盛期が冬で，この時期にはコイ捕りの効率が落ちる，ということも原因になっているのかもしれない。

これまでの説明から，浅部貝塚の住民の生業が，季節ごとにどのような動きをしめすのか，まとめてみよう（表2）。ここにあげた，貝・サカナ・トリ・ケモノの採集・捕獲は，これまでの説明でもわかるように，晩秋から晩冬に最盛期をむかえる。食料のなかで，これらの動物とおなじか，それ以上に大きな比重を占めていた堅果類の収穫期は，仲秋だろう。晩春から初秋まで，浅部貝塚の住民の食料となる動物の捕獲は，どちらかといえば低調だったようである。

狩猟・採集を生活の手段としている人々（採集民・食料収集民）はその日の獲物や収穫でかろうじて飢えをしのぎ，その日の生活におわれていた，という考えが広まっていた。この意見にしたがえば，浅部貝塚の住民は晩春から初秋までのあいだ，食糧不足に見舞われていたことになる。1968年に，シカゴで狩猟採集民についてのシンポジウムが開かれてから，このような解釈をそのまま信じる人は減ってきた。しかし，晩秋から仲冬にくらべれば，彼らの手（＝口）にはいる動物性の食料がきわだって少なくなることは，表2から読みとれるだろう。浅部貝塚の住民にかぎらず，ガン・カモ科やシカ・イノシシをおもだった獲物としていたすべての人々にとって，春場・夏場（冬場ではない！）をどのように乗りきるか，それが重要な問題であったに違いない。彼らは，

(1) 植物性食料（カタクリ・ワラビ・ゼンマイなどの地下茎・ユリなどの鱗茎）の採集
(2) ほかの地域からの食料の供給
(3) 春・夏の食糧不足をみこした備蓄
などの手段をとることができるだろう。

彼らが食糧の備蓄をしていたということは，狩

猟採集民というイメージからかけはなれているかもしれない。しかしそれが実情なのだ，ということはのちにあらためて説明する。地下茎・球根などの植物性食料を，いつ・どのくらい収穫しているのか，具体的な説明はまったくできない。いずれにせよ，仙台湾沿岸にかぎらず，南西諸島・南九州の一部をのぞく日本列島の内陸部では，秋から冬に食糧がゆたかになり，春・夏に不足気味になる，という事情には大差がなかっただろう。したがって，日本列島のほぼすべての地域の住民は，上にあげた三種類の手段をもちいて，しのぎをつけていたに違いない。

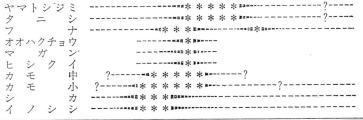

表2 浅部貝塚での捕獲活動の季節による変動

＊最盛期　━━━漸増　▬▬▬漸減　------不活発

ところで，ほかの地域から食料の供給をうけるといっても，おなじ内陸部では，春場・夏場の食料事情に違いがあるとしても，たまたまある地域ではストックにゆとりがあった，という程度にすぎないだろう。内陸部の地域社会のあいだでは，緊急の場合はともかく，安定した供給を期待することはできそうにもない。ここで，仙台湾沿岸のなかにも，シカ・イノシシの比率が極端に低い遺跡があった，ということを思い出していただきたい[19]。この地域では，貝とサカナでトリ・ケモノの不足を補っていたに違いない。もし，春場・夏場が貝の採集・サカナの捕獲の最盛期だ，ということになれば，内陸部の住民が沿岸部の住民からの補給を，端境期の食料のタシにする，ということも否定できぬことになる。里浜貝塚は，二月田の対岸にあり，トリ・ケモノの顔ぶれもよくにている。里浜貝塚の季節推定の結果を紹介しよう。アサリの成長線・サカナの体長組成，これが里浜の貝・サカナの季節推定の軸になっている。アサリの成長線を観察した結果，アサリの採集の盛りは春（3月〜5月）。夏・秋にもつづくが，しだいに下火になり，冬（12月）に入るときわめてまれになる，ということがわかった[20]。

サカナの体長組成を分析して，捕獲した時期や方法を推定する，という方法を縄紋の資料にもとづいて確立したのは，赤沢威である[21]。サカナのなかには，成長の段階によって，棲みかをかえるものがある。赤沢は，この点に目をつけ，福島・綱取、千葉・大倉南など，5ヵ所の遺跡から出たマダイ・クロダイ・スズキの顎の骨のサイズを測ってみた。その結果，三種類のサカナは，いずれも体長 40〜60cm のものが多数をしめ，それを超えるサイズのものはほとんどない，ということがわかった。これら三種類のサカナの生活史（ライフ＝ヒストリー）から推測すれば，春〜夏がこれらのサカナの漁の最盛期だろう，というのが赤沢の結論である。里浜でも，これとおなじ方法をもちいて，マイワシ・サバ属・スズキなどの漁期は春〜夏で，フサカサゴ・アイナメなどは，年中――どちらかといえば秋〜冬に――捕っていた，という結論がでている[22]。

里浜の貝とサカナの季節推定の結果によれば，生業活動のピークには，春〜夏型の沿岸部・秋〜冬型の内陸部，というズレがあることになる。内陸部の住民が，食料が不足ぎみになるころに，沿岸部からの到来品をアテにする，ということも根も葉もない想像ではなさそうだ。ただし，これは仙台湾沿岸でのデータにもとづいて組立てた仮説にすぎない。日本列島の隅から隅まで，判で押したような関係が成り立っていた，などとはとても考えられない。縄紋の社会は，大衆社会などでは，決してない。

しかし，内陸部・沿岸部の食料事情に，このようなズレがあり，それが局地的なものでないとすれば，内陸と沿岸の交流を保証する制度や組織が，各地に生まれても不思議ではない。その制度や組織には，それぞれの地域の固有の事情がにじみでているだろう。季節推定という作業は，このような立場から，さらに推進せねばならない。

今回は，つぎの方々に御教示・資料提供など，お世話になった。赤沢威，大泰司紀之，岡村道雄，小池裕子，田中琢，那須孝悌，新見倫子，西

本豊弘，松井章（五十音順，敬称・所属機関名省略）。文末ながらお礼申しあげる。

註

1) ハクチョウの骨が出ていることから，貝塚の形成が冬にもかかっていた，と推測しているらしい。Lubbock, John, *Pre-Historic Times,* pp. 214-15 (Williams and Norgate, 1913), Morlot, A., General Viewson Archaeology. pp. 312-13 (*Annual Report of Smithonian Institution for 1860,* 284-343, 1861)

2) Clark, J. G. D., *Prehistoric Europe: the econonomic basis,* pp. 25-26,38

3) Clark, J. G. D. (ed), *Excavations at Star Carr: an early mesolithic site at Seamer. near Scarborough, England.* Cambridge University Press. 1954

4) Casteel, R. W., Some Archaeological Uses of Fish Remains. *American Antiquity,* 37:404-19

5) Gilbert, B. M., Bass, W. M., Seasonal Dating of Burials from the Presence of Fly Pupae. *American Antiquity,* 32:534-35

6) したがって，物理学・工学などの分野のスペクトル解析とおなじ原理である。この手法をとりいれれば，さらにこまかな分析ができるようになるだろう。

7) すでに，東大寺の仁王像の原木を切りだした季節の推定がおこなわれている。
田中　琢編「年輪に歴史を読む―日本における古年輪学の成立」p. 122（『奈良国立文化財研究所学報』48　1990）

8) というのはひと昔前の話で，いまでは成長のサイクルが遺伝子のなかに組みこまれているのではないか，という意見もあるらしい（大泰司紀之の教示）。

9) Ohtaishi, N. Ecological and Physiological Longivity in Mammals: from the age structure of Japanese Deer. *Journal of Mammalian Society Japan.* 7:130-34, 大泰司「遺跡出土ニホンジカの下顎骨による性別・年齢・死亡時期の推定法」（『考古学と自然科学』13：51-74, 1980），大泰司・小池「遺跡出土ニホンジカの齢構成から見た狩猟圧の時代変化」p. 515（古文化財編集委員会編『古文化財の自然科学的研究』508〜17，同朋舎，1984）

10) 新美倫子「愛知県伊川津遺跡出土ニホンイノシシの年齢及び死亡時期査定について」（『国立歴史民俗博物館研究報告』29：123-41, 1991）

11) Koike, H., Seasonal Dating by Growth-line Counting of the Clam, *Meretrix lusioria:* toward a reconstruction of prehistoric shell collecting activities in Japan. *The University Museum Bulletin,University of Tokyo 18,* 1980), 小池裕子「貝殻成長線解析」（特定研究「古文化財」総括班編『古文化財に関する保存科学と人文・自然科学　昭和55年度年次報告書』93-95, 1985）

12) 小池「伊皿子貝塚における貝類採取の季節性」（金子浩昌・鈴木公雄編『伊皿子貝塚遺跡』607-15, 1981, 東京都港区教育委員会・日本電信電話公社），小池「宮城県田柄貝塚ＣＬ-40区出土のアサリ・ハマグリの貝殻成長線解析について」（小井川和夫・大田幸夫編『田柄貝塚』3：533-39, 1988, 宮城県教育委員会）

13) 耳石というのは，内聴道のなかの器官の一部で，平衡感覚をたもつ働きをしている。サカナにかぎらず，すべての脊椎動物にあるが，サカナの耳石はとくに成長線を観察しやすい。

14) Mellars, P., Excavations and Economic Analysis of Mesolithic Shell Middens on the Island of Oronsay (Inner Hebrides). Mellars ed. *The Early Postglacial Settlement of Northern Europe.* 371-96, Duckworth, London, 1978

15) 林「宮城県浅部貝塚出土のシカ・イノシシ遺体」

16) 10月15日から4月15日まで（「鳥獣保護及狩猟ニ関スル法律」第八条ノ三）

17) 岡村道雄「発掘調査の目的」p. 28（岡村編「里浜貝塚Ⅰ・宮城県鳴瀬町宮戸島里浜貝塚西畑地点の調査・研究」26-40『東北歴史資料館資料集』11, 1981）

18) サケ科のメンバーは，稚魚のとき海に降り，成熟してから産卵にもどってくる降海型がおおい。イワナ・ヤマメ・ニジマス・イトウなど，生まれたところで一生をすごすものが陸封型。

19) 林「縄紋時代史10」pp.86-87（『季刊考古考』36：85-92, 1991）

20) 小池裕子「アサリの成長線分析・貝殻成長線に基づくアサリの採取季節の推定について」（「里浜貝塚」5：48-53『東北歴史資料館資料集』15, 1986）

21) 赤沢　威「縄文貝塚産魚類の体長組成並びにその先史漁撈学的意味―縄文貝塚民の漁撈活動の復原に関する一試論」（『人類学雑誌』77：154-78, 1969）

22) 笠原信男「各層出土の動植物遺体・魚類」pp.59-71（『里浜貝塚』5：56-83），「里浜貝塚西畑地点の生業活動と季節性」pp. 28-31（岡村・笠原編『里浜貝塚』6：8-35, 1987）

書評

小田富士雄・韓炳三 編
日韓交渉の考古学
弥生時代編
六興出版
A4判 520頁
30,000円 1991年4月刊

　この書物は，編集者の小田富士雄が発案し韓炳三がこれにこたえ，日韓両国の第一流の考古学者45名を糾合して編まれたものである。小田とその研究グループは北部九州に伝来した韓国系文物に注目し，1970年代の昔から「弥生時代における日韓交渉資料の基礎的研究」をテーマとして資料の調査と収集に努力を傾けてきたが，小田と韓は相計り日韓の共同研究者とともに1983年度の朝日新聞社学術奨励金の交付を受け，さらに資料を充実し，毎年共同研究を重ねる機会を積んでその成果を発表した。それが本書である。

　考古学研究における国際協力は，エベルト編の『先史学事典』をはじめとして大規模な事典類では普通に行なわれている。また共通の問題を取り扱った例としてはエーリヒが編集した『旧世界考古学の年代論』などをあげるまでもないであろう。しかし海を隔てた二国の学会が専門家を選りすぐり，長い年月をかけて相互の影響を考古学的に論じあった例は寡聞にして知らない。その目的を果たすためには両国で発見，発表されている資料や論文などの情報に通じている学識が必要であり，それぞれの言語を十分にマスターしていることが不可欠の条件である。かつて日本が植民地政策の名のもとに朝鮮半島で日本語普及を強制したことを反省するとき，私達には屈折した，あるいは罪ある想いがある。今や両国の若手の研究者がお互いの言葉を習得し，共同研究を進めえたことに驚きと慶びを感じないわけにはいかない。望むらくは，この成果が同時に韓国語でも発表されたならばと思うのである。

　本書は副題にあるように，時期としては弥生時代すなわち，彼の地にあっては無文土器〜瓦質土器の時代を，地域としては西日本と韓国南部地方の範囲をとりあげ，Ⅰ初期農耕をめぐる日韓交渉，Ⅱ金属器をめぐる日韓交渉，Ⅲ弥生時代から古墳時代へ，Ⅳ形質人類学からみた日韓交渉，の四テーマを設定し，各テーマには日韓考古学に共通するいくつかの小テーマを配し，論じて余すところがない。何よりの特徴は多くの遺物・若干の遺構について，巻頭に原色やモノクロームの写真図版，網羅的に集成した線描あるいは拓本よりなる遺物の図面を掲げ，それらを遺跡ごとにまとめ，日韓対照的に配置していることである。これらによって読者は両地域における遺物や遺構の類似，相違を一見して学ぶことができる。ただ図面は原寸大，三分の二，三分の一などの縮尺率に統一されているが，写真図版について寸法は入れられているものの，同じ頁で大小の感じでも把握できるようなレイアウトの配慮が欲しいと思うのは私だけであろうか。本書について有り難く感ずるのは巻末に，両国に及ぶ遺跡の要をえた解説が付けられていることである。遺跡索引もまた有用である。

　日韓両国の学者によって論ぜられた内容の一々について，詳しく論評する学殖が私にない上に，触れる紙面のゆとりもない。新しい見解や事実，例えば鋳造技術の細部の考察や，勒島遺跡発見の抜歯人骨の写真資料などから多くを啓発され，学問の進展の早さに瞠目するばかりである。これらの成果は225頁以下の結語として適確にまとめられている。惜しまれるのは，本書ほどの大著にしては結語がやや簡に過ぎる憾を残すことである。

　なお凡例の下におかれた韓日用語対照表は役立つが，本文中の用語の二，三に気にかかるものがある。一例として，山口県宮ヶ久保遺跡出土の鐸型木製品が木鐸とされているが，これは一般にいう金属製の鐸身に木の舌を着けた木鐸と混同するおそれがある。

　以上，評者の力の及ばぬ大著に対して言わずもがなの感想を記した。一，二批評がましいことも述べたが，仮にその批評が正鵠を射たものであるとしてもそれは本書にとって全くの瑕瑾に過ぎない。編集者，小田富士雄，韓炳三氏と編集を援けた武末純一，李健茂氏，さらに研究分担者の永年に渉る努力を称え，本書の「あとがき」にもあるように続編の刊行を期待したい。

　本書こそは日韓学術交流の大きな賜物であり，近年における考古学の果たした偉業の一つであるといっても過言ではない。

（金関　恕）

書評

佐々木高明 著
日本史誕生
日本の歴史 1

集英社
A 5 判　366頁
2,400円　1991年5月刊

　集英社版「日本の歴史」全21巻別巻1の第一弾が刊行された。佐々木高明（国立民族学博物館教授）の『日本史誕生』である。
　＜旧石器時代から縄文時代をへて稲作の伝来に至る日本列島における歴史誕生の謎をすべてわかりやすく解説。隣接諸科学の最新のデータを駆使し，国際的視野から，日本文化形成のプロセスを克明に追求した話題の書＞。これが出版界慣行の謳文句である。たしかに内容を良く伝えているかに見えて，謎をすべて，克明に，話題の書，という月並みな表現によってかえって一般類書に組みこんでしまいかねないところがある。しかし，本書には，これを断然凌ぐ内容と，さらに主張に強烈な個性がある。
　佐々木は，本文に先立って「日本史誕生」を考える，の一章を設け，自らの視点を説明する。そして，そこに＜描く＞＜描き上げる＞を頻発する。＜書く＞とか＜記述する＞のではなく，描こうとするところにこそ，本書の面目が実は潜んでいるのである。この姿勢方針が，日本の先史文化の内容を書いて説明するにとどまらず，歴史像を描き，語ることを可能にしている。ここに，原始あるいは先史と言わず，日本史誕生と掲げた積極的理由を知るのである。
　ところで，佐々木は自らを民族学者としながら，旧石器時代から縄文時代をアジア的世界の中で位置づけることを目指そうとする。人は誰れも自分の顔を鏡なしで見ることはできない。旧石器文化も，縄文文化もまた同様に，他地域の文化あるいはおよび時代を異にする文化と相照らして，初めて位置づけることができるのである。つまり，文化の特殊性と普遍性は，相互の文化の五分と五分との比較対照によって明らかにされる。佐々木のアプローチの優れた点に，日本列島の文化を，その文化的内容の詳細の積み重ねによってのみでなく，まさに東アジアの中ひいては人類史の中で理解しようとするところにある。
　これまでにも，佐々木には縄文文化についての重要な発言がある。中尾佐助が提起した照葉樹林文化の一環は，日本列島の先史文化を組みこむ気宇壮大な仮説がそれであり，やがてナラ林帯文化の提起へ

と続いてやまない。とくに野性植物の利用だけでなく，栽培植物を一部手がけていたという指摘は，改めてエゴマやヒョウタンやリョクトウなどの具体的な発見によって裏付けられるにいたっている。それだけ縄文時代の生業，食料事情の実態解明が進んできたというわけである。これは事実であるから，研究者の等しく認めるところである。佐々木は，これを原初的農耕と評価する。しかし，＜縄文時代における農耕（作物栽培）的要素を過大に評価することは慎まねばならない＞と付言することも忘れない。この問題は重要であり，これまでにも意見交換の機会は幾度もあった。手のうちを互いに知り尽してはいるものの，私はこれを農耕とは評価しない。事実認識を超えて，それが史観の次元にかかわるが故に，容易に一致するところとはならないのである。
　縄文時代は，多種多様な自然の資源を利用するところに特色があり，しかも終始多種多様な利用を追求してゆく姿勢を貫くものであった。その中で，若干の分野において，自然資源の人工化が進められた。ドングリ類のアク抜き，イノシシの飼育，ウルシの開発と並んで，一部植物の栽培である。この自然の人工化は，多種多様な資源利用の，いわば応用編ともいうべき意味をもつ。ここにおける栽培は，農耕ではない，あるいは農耕とは評価できないというのが，私の観方なのである。農耕は，多種多様な植物の利用方針とは正反対の，いわば特定の少数に収斂限定してゆく方向をとるのである。換言すれば，この農耕姿勢方針は，縄文姿勢方針とは相容れないものである。ともあれ，縄文農耕問題について，これまでにも佐々木と議論を重ねる機会に恵まれたことが，どれほど私自身の縄文生業への理解と評価を深めさせてくれたか，今改めて思うのである。
　さて縄文文化は豊かな＜食料採集民＞の＜成熟せる採集民文化＞であり，これが日本文化の形成において基層をなすものであるとする。そして弥生文化への叙述へと進むが，この過程のとらえ方に問題がある。つまり，縄文時代の晩期に水田耕作を認めるという観方である。もともと＜「縄文土器の時代」「弥生土器の時代」の略称＞が縄文時代，弥生時代なのではなく，豊かな食料採集民の時代と水田耕作の時代の綽名なのである。縄文から弥生への文化は時間的には連続するが，内容的には革命的なのである。佐々木自らも，これを変革的事件と評価している通りである。将来の議論に委ねたい。
　とにかく本書に示された内容は，良く調べられ，最新の研究成果によって裏打ちされている。しかも，単なる諸説の解説でなく，佐々木の縄文文化観がみごとに描き出されている。まさに得意気にさえみえるのも蓋し当然。われわれ考古学が書くことに没頭しているうちに，先を越されてしまった口惜しさがないといえば嘘になるが，鮮やかな手口に脱帽させられてしまった。
　　　　　　　　　　　　　　　　　（小林達雄）

書評

末永雅雄 著
末永雅雄著作集
全5巻
雄山閣出版
Ａ５判　平均350頁
各5,800円
1990年5月〜1991年5月刊

　末永雅雄博士は，平成3年5月7日になくなった。博士の著作集の最終の巻である第3巻は同じ月の20日の発行であった。奇しき因縁すら感ぜられる。博士が，この最終巻を自ら手にして見ることのできなかったことは残念であるが，すでに刊行された他の4冊は，いずれも目を通し，恐らく，この出来栄えに満悦したのでなかったろうか。

　その著作集刊行の計画はかなり早く，昭和59年の頃にさかのぼる。この頃，雄山閣の芳賀章内編集長と原木加都子氏とが自宅に来られ，この編集計画を語り，博士の意向として，三上次男博士と私とがその顧問になって欲しいという旨の交渉を受けたことがある。その頃から，末永博士は，この著作集に意欲を燃やし，掲載すべき文献を自ら選択し編成したようである。

　一体，これまで刊行された考古学者の著作集には，『八幡一郎著作集』・『大場磐雄著作集』・『藤森栄一全集』などがあり，『浜田耕作著作集』も目下刊行中である。しかし，これらは著者がなくなったあと，関係者によって，その著書や論文などが選ばれ，編成されたものである。

　その点，今回発刊された『末永雅雄著作集』は，自選による著作集であり，自分自身で，慎重に検討し編成したものである。しかも各巻論文のみを収録せず，随筆風の小品もある。これらも，「是非読んでもらいたい」という自らの気持で厳選した珠玉の文である。

　末永博士の著書論文は数多い。単独の単行本は34冊に達し，論文などは403篇に達するという（石野博信―末永考古学の軌跡―本巻3）。この著作集は，このような夥多の論文などから自ら選んで5巻に凝結したものであり，いわば精選された結晶であり，著者の厳正なかつ着実な学風が，その一頁一頁にしみこんでいるようである。

　5巻の編成は，次のようである。
1　日本考古学の概観　　　　平成2年8月
2　古墳の外形・内部構造・副葬品
　　　　　　　　　　　　　　平成2年5月
3　飛鳥京調査と古墳　　　　平成3年5月
4　日本の武器＜大刀と外装＞　平成3年2月
5　遺跡調査と大和・河内　　平成2年11月

　そして，1では「編集後記」（石野博信），2では「編集後記」（石野博信・勝部明生），3では，「末永考古学の軌跡―著作集の編集を終えて―」（石野博信），4では「編集後記」（勝部明生），5では「編集後記」（勝部明生）が付せられている。

　さて，私なりに感想を述べると，末永博士がその著書・論文などを通して考古学界に貢献した業績は多彩であったが，とくに三本の柱があったように思う。その一本の柱は，武器・武具の研究の成果であり，これは博士の少壮の時代からの重厚な研究の積み立てにもとづくものであり，独擅場ともいうべきであった。二本目の柱は，古墳の研究であり，しかも自ら飛行機に乗って空中から観察し，その知見は余人の追随を許さないものがあった。三本目の柱は，大阪・奈良地方の地域を基盤にした研究であり，これは幼少からの周辺の環境の中にとりかこまれて研鑽し，また職域とも結びあって研究指導した成果であり，しかも，この地域は，日本古代史・古代文化の中枢の地としてまことにめぐまれた環境でもあった。5巻の中には，これらの三本の柱による成果が，巧みに縮約され凝結されている。

　さて，5巻を読んだ感想を述べたい。1の中の「考古学の役割と課題」は，学界の耆宿の書いたものとして味わうべきものである。「考古学と人間教育」・「考古学と埋蔵文化財」・「開発と保存」などは5章の「三恩奉謝」などとともに博士の面目が躍如としている。

　2の中の「古墳の周庭帯」は「周庭帯」という用語の創案者でもある博士の論文として貴重である。「稲荷山剣と杖刀人」は武器に精通している博士の文として傾聴に値するものである。3の「飛鳥と宮瀧」は少壮の時代，自ら宮滝遺跡を発掘した博士ならではの文であり，「石舞台古墳」・「高松塚」もまた同じである。4の「空からみた古墳美」は著者にしてはじめてなされる文でもある。5の「日本の武器」はまことに著者の独擅場ともいうべき内容である。また同巻の中の「延喜式記載の土器」など，古文献にも深い理解を示していることがわかる。「瓦礫に聞く」は博士が最後にわれわれ後進の者に残した言葉のようにも受けとれる。本山彦一氏の処世訓の一句「尽人事而楽天命」をあげ，「いま九十年を顧みると，大半はここにいう瓦と礫に聞くという研究生活であって考古学理論の大系もないままに今日までの研究経過から日本文化の軌跡を辿ることとなる」と述べている。真摯なかつ謙虚な人柄のあふれている文でもある。

　いま書架に『浜田耕作著作集』を並べるとき，在りし日の師弟の情愛も彷彿と浮かぶ。　　（斎藤　忠）

書評

B.G.トリッガー 著
菊池徹夫・岸上伸啓 訳
歴史科学としての考古学
雄山閣出版
A5判 172頁
2,500円 1991年5月刊

本書は（原題：Archeology as Historical Science）はいまや米国のビンフォード，英国のホッダーと並んで世界の三大考古学理論家の一人ともいうべき存在となった，カナダのマッギル大学の人類学教授トリッガーが考古学という学問のあるべき基礎理論を説いた書物である。

もともと1981年の第1回アメリカ人類学会に論文として提出された本書は，1960年代末以来北アメリカ考古学界に大きな波乱をまきおこし，世界考古学の流れに一石を投じたビンフォードらのニュー・アーケオロジー（プロセス考古学）に対する批判として発表されたものである。この種の書物にありがちなように，内容的にきわめて抽象的で，決してとっつきやすいものではないが，熟読すれば日本の考古学者の多くにとって多分に共感できる考古学観を説いたものであることがわかるだろう。ただし本書を理解する上で以下に述べる予備知識を知っておく必要がある。

1960年代から70年代にかけて英米考古学界の一部を風靡したニュー・アーケオロジー運動は論理実証主義にもとづき，考古学を歴史学から引き離し，自然科学と同等な研究方法にもとづいた人類学の一分野に位置づけようとする野心的な試みであった。この傾向はビンフォードらの北米学派にとくに強烈で，彼らによれば，考古学の研究目的とは，時間と空間とを超越して広く「人類一般」に共通する「文化の法則」を発見することであり，人類全体の共通問題とは関係のない，文化の地域的な特異性とか地域文化の発展の「歴史」などは考古学研究の主たる目的ではないと軽蔑された。彼らは「歴史」という言葉を科学になじまないものとして斥け，「プロセス」という言葉を代わりに使用しようとした。日本では信じられないようなことだが事実である。

本書は，ニュー・アーケオロジー運動の初期の熱気が冷め，この学派に対する幻滅感が次第に研究者の間にひろがり始めた時期に発表され，ニュー・アーケオロジーを批判して考古学に「歴史」の復権を主張したものである。トリッガーは，考古学は「科学」であるはずだから過去の事実を説明することは，すなわち人類の未来を予測できる法則の発見に直接つながらねばならない，などといったニュー・アーケオロジーの性急な論理実証主義を批判する。人類の社会や文化はきわめて複雑な諸因子の集積によって形成され，それに各地域の特異的な事情や過程が大きな役割を演じている。したがって人類の過去を少数の単純な法則の過程に還元することは不可能である。考古学の目的とは，各々の文化の特異的な発展過程をも重視して，人類の過去を「理解」することであり，ここに歴史科学としての考古学の役割がある。

また，ニュー・アーケオロジーの発想の基礎である文化生態学も批判の対象となる。文化を人間の環境に対する身体外的適応手段とのみ見なすこの考え方からは，文化の変化は人間社会内部の要因からではなく，生態環境の変化のような外部要因のみから説明されることになる。これでは人類の過去を十分に理解したことにならない。

ニュー・アーケオロジーの論理実証主義に対して，トリッガーが持ち出すのは，人類の生産手段と生産関係（社会）の矛盾に社会変化の原動力を見いだすマルクス主義の考え方である。もっとも，これはすでに旧式となったソ連・中国などの教条的な古典マルクス主義ではなく，英国の先史考古学者チャイルドの流れを汲む，ずっとソフトなマルクス主義である。トリッガーが求めるのは，あまりにも生物科学的に偏向したニュー・アーケオロジーに代わる，もっとソフトで人間的な「歴史科学としての考古学」であるようである。

ホッダーと並んで，もっとも雄弁なニュー・アーケオロジーの批判者であるこのトリッガーは，あまり身体が頑健でなく，フィールドよりは理論の研究に専念する傾向があり，そのため彼に対して，「彼は特異歴史主義者だ」とか「いまでは数が少なくなった在来考古学の擁護者だ」，「安楽椅子の考古学者に過ぎず，考古学の実地を知らない」などといった批判をする学者がいることは事実である。しかし，トリッガーの文章は雄弁で説得力があり，本書も含めてよく邦訳されている。とくに彼が最近出版した『考古思想の歴史』(History of Archaeological Thought, 1990, 未邦訳)は，すぐれた考古学説史として彼に対立するニュー・アーケオロジー支持の学者からも評価されている。この邦訳は巻末に日本の読者になじみの薄い，欧米の学者の人名解説をつけるなど親切な配慮がうかがわれるが，本書が批判している1960年代以降の欧米考古学理論の動向についての解説が欠除しているので，筆者がこの一文であえて補足した次第である。

（穴沢咊光）

論文展望

敬称略
五十音順
選定委員

石野博信
岩崎卓也
坂詰秀一
永峯光一

砂田佳弘
武蔵台Xb文化層の系譜
國學院大學考古学資料館紀要　7輯
p. 1〜p. 20

都立府中病院外来棟建設用地内武蔵台遺跡A区南半部約1,000m²の調査で南関東最古の先土器時代石器群3,386点がX層から検出された。とりわけXb層出土石器群は質・量ともに野川・月見野研究史の総決算とも言うべき1980年代初頭の調査成果でもあった。試掘・本格調査から丸10年を経ようとする当遺跡の成果は燦然と輝くが，残された課題は極めて多岐にわたる。

本年3月，石器文化研究会主催で「AT降灰以前の石器文化」と題してシンポジウムが開催された。小論はその「剝片剝離工程の変遷」を基礎に武蔵台Xb層にスポットを当て直している。副題に〜打縁調整と剝片形態の分析を通して〜とある。打面縁辺（石核段階時の剝片剝離作業面の打面部）の調整（overhangの除去）の有無と剝片形態の相関関係など10項目の属性観察を基にして馬場壇A遺跡10層上面から鈴木遺跡Ⅸ層までの5遺跡7文化層出土剝片類の分析を行なった。

武蔵台Xb層を遡る剝片剝離工程の変遷は，馬場壇A20層上面を画期に剝片剝離工程の限定種から20層上面以降7層上面に至るまで，盤状剝片石核の欠如が一部で認められるものの，7層上面以降剝片剝離工程の種類はほぼ出揃うといった結論をすでに得ている。

打縁調整は馬場壇A7層上面で発現するものの，特定の剝片形態との関係を論ずる事は困難である。しかし，Xb層武蔵台遺跡において初めて，打縁調整の施工と縦長剝片の剝離が密接に結び付くことが明白白となったのである。

また，石材と剝片形態や器種との効果的結束性が武蔵台Xb層以降顕著となる。打製石斧の大量生産といった石材の効率的対応性と，Xa層黒曜石製打製石斧のように石材の超越的対応性に垣間見られるような石材と器種製作マニュアルの成立とその整備の段階である。武蔵台Xb層段階以降，打縁調整〜剝片形態〜石材〜器種の石器製作工程の組織的連係は加速度的に次段階へ拡張・発展していく。

（砂田佳弘）

西本豊弘
縄文時代のシカ・イノシシ狩猟
古代　91号
p. 114〜p. 132

縄文時代の狩猟の対象は，主にシカとイノシシである。しかし，具体的にシカとイノシシがどのくらいの割合で出土しているかについては，各遺跡ごとのデータはあっても，縄文時代全体を通してのまとめは，これまで示されたものはなかった。そこで本論は，縄文時代の狩猟を考えるための基礎的データとして，シカとイノシシがどの程度出土しているかを数量的に示すことを目的とした。その数量は，個体数で示すこととし，シカまたはイノシシが10個体以上出土している遺跡を取り上げた。遺跡数は東北14・関東19・中部2・北陸山陰3・中国1・九州6の計45遺跡となった。

その結果，縄文時代全体としてみると，陸獣の中でシカは39.3％，イノシシは37.7％，ノウサギ3.3％・キツネ1.1％・タヌキ6.7％・アナグマ2.9％・カワウソ1.2％・テン1.1％・サル2.2％・オオカミ0.7％・クマ0.5％・ムササビ2.0％・イタチ0.5％・オコジョ0.04％・ヤマネコ0.1％・カモシカ0.5％となった。

シカとイノシシの地域差と時期差をみると，東北地方ではシカがイノシシよりも多い傾向があり，九州ではイノシシの方がシカよりも多い。早期は資料が少ないので，イノシシが多いという偏りがみられるが，前期から晩期はシカとイノシシは，ほぼ同じ程度出土している。シカ・イノシシ以外の中・小型獣は，発掘が丁寧に行なわれ，包含層全体の水洗選別が行なわれると多く採集される傾向があり，そのため今回集成したデータよりも，多く捕獲されていたと思われる。また，今回集成した遺跡は，海岸部の貝塚遺跡が多いが，内陸部や山間部の遺跡ではシカとイノシシの割合が低くなると思われる。それらの条件を考慮したとしても，シカとイノシシは，陸生哺乳類の約77％というデータからみて，縄文時代の主要な狩猟獣であったことが，数量的にも明らかになったと言える。

（西本豊弘）

黒沢　浩
弥生時代における祭祀の重層性とその系譜
駿台史学　82
p. 105〜p. 130

考古学の資料・方法で最も扱いづらい分野は精神生活に関わるものであろう。しかし，今日の人類学的知見によれば，社会の下部構造に含まれる経済的行為でさえ，非市場経済社会においては祭祀や儀礼が重要な経済的機能を果すと

いわれている。

小論は、こうした関心から1つのケース・スタディとして銅鐸を主要な祭器として選択した近畿〜瀬戸内地方の祭祀構造を考察した。弥生時代の銅鐸使用祭祀の研究は近年飛躍的にすすんだ分野であるが、問題がないわけではない。1つは青銅器大形化の契機、もう1つは埋納風習の意義と波及、3つはその本質としての祭祀の実態である。

これらの点を整理すると、弥生時代の祭祀は青銅器を頂点として重層化しており、最高の祭器はその使用の終了時に埋納されることになるとまとめることができる。しかし、この重層化した祭祀の各位相がどういう系譜をもって展開しているのかについては、あまり言及されていない。

小論では、埋納される銅鐸と廃棄される磨製石剣（銅剣形石剣）を例にとり、廃棄された石剣に破砕されている例の多いことから、縄文晩期末の石棒の破砕・廃棄との関連を指摘した。また、埋納については青銅器の複数埋納には集団間の紐帯の確認、単数埋納には自集団の観念的防衛という意味の違いがあると解釈した。

そして、それらが重層化して展開していくことの意義は、縄文から弥生へという生産基盤の変革の中で、縄文時代とは異なる労働編成を強いられた弥生社会が、新たな労働編成を統御する共同体のシンボルとして採用した銅鐸祭祀に対し、伝統的な世帯共同体がその結合を強化するため集落内祭祀を強化していったことに求めたのである。　　　　　（黒沢　浩）

土生田純之
古墳における儀礼の研究
—木柱をめぐって—
九州文化史研究所紀要　36号
p. 31〜p. 60

近年各地の古墳から木柱を据えたと思われるピット、あるいは木柱そのものが検出されている。その位置は墳丘をはじめ周濠内や外堤上のものがあり、多くは列状に並んで発見される。木柱には「木製樹物」・「木製の埴輪」などと呼ばれる木製品と共伴して出土するものもあり、木製品の支柱と考えてよいものがある。しかし太さや高さの差異が大きく、すべてを支柱としての役割のみに限定することには無理があろう。この点でとくに筆者が注目するのは、鳥形木製品の支柱の存在と横穴式石室の開口部に穿たれたピットである。すなわち、鳥が死霊を運ぶ存在として認識されていたことは文献や他の考古資料から明らかであるが、同時に不可視の存在である霊魂を鳥の姿を借りて表現したものとも考えうる。したがって依代としての木柱の存在も予想され、すべての木柱に支柱としての役割を担わせる必然性は認められない。このように考えるならば、横穴式石室の開口部に認められるピットは、その位置ともあわせ、まさに死霊の依代としての意義が確認できるのである。

さて『日本書紀』推古天皇28年10月条には欽明天皇陵の傍に氏々が土の山を築き、その上に木柱を建てたとある。上述の観点から、これは欽明没後50周忌にあたり依代を建てたものと解釈できる。したがって依代としての木柱は必ずしも主体部の入口に限定されない。今後、木柱痕やピットが出土した際には何が上にのせられていたのか、あるいは木柱そのものであったのかの見分けが要求されよう。

最後に、近年注目されている古墳の各部で林立する木柱や埴輪に中国陵寝制に由来する享堂建築の名残りを認める説を検討する。古墳発生の原理に中国思想の影響を認める説は都出比呂志が提示しているが、上記2者の懸隔はあまりに大きく直ちには賛同できない。鳥杆にみるように、弥生時代以来の朝鮮半島との関係をまず追求するべきであろう。　（土生田純之）

山本忠尚
軒平瓦の創作
研究論集IX（奈文研学報49）
p. 57〜p. 94

6世紀末、飛鳥寺の造営に際して初めて瓦が作られたが、当初は軒平瓦を欠いていた。一世代が経過したころ、軒平瓦の製作が始まったが、作彫り・無紋・型押しという様々な試行錯誤を経て、押し挽き重弧紋および瓦笵を使用した唐草紋の形で結実したのは、瓦製作が始まっておよそ半世紀後のことであった。この間の状況を製作技法や顎の形態の比較などによって分析し、笵によって製作した最古の軒平瓦である法隆寺式の製作技法上の問題や年代、さらに瓦当紋様の源流および用語の妥当性について論じた。

瓦当紋様の様式に顎の形態と製作技法、さらに出土状況を加味すると、若草伽藍所用の手彫り唐草紋軒平瓦のうちでは、一枚作り・直線顎・型紙使用施紋のA類が最も古く、次いで一枚作り・直線顎・フリーハンド施紋のBI類が続き、桶巻き作り・曲線顎・フリーハンド施紋のBII類は若干遅れた。坂田寺の手彫り唐草紋軒平瓦は若草BII類および四天王寺の曲線顎重弧紋軒平瓦と製作技法上の特徴を同じくし、また四天王寺の無紋軒平瓦は組み合う軒丸瓦の比較から若草A類より遅れるので、日本最古の軒平瓦の呼称は若草A類に冠するのがふさわしい。手彫りから瓦笵使用への過渡期にスタンプ押捺施紋が位置する。別の系統として生まれた重弧紋軒平瓦は、手描きから押し挽きへ、直線顎の二重弧紋から曲線顎へ、さらに段顎の四重弧紋へと発展し定着した。なお、従来忍冬唐草紋とかパルメット唐草紋と呼ばれてきた初期軒平瓦の瓦当紋は、実は蓮唐草紋であって、仏像台座や光背と同様、軒丸瓦の蓮華と組み合って仏教世界を荘厳したのである。　　　　（山本忠尚）

●報告書・会誌・単行本新刊一覧●

編集部編

◆**九州上代文化研究論集** 乙益重隆先生古稀記念論文集刊行会刊 1990年11月 Ｂ５判 680頁

船野技法についての一考察
　　　　　　………橘 昌信
球磨・人吉地方の先土器時代
　　　　　　………木崎康弘
南九州の早期縄文土器…河口貞徳
鹿笛考…………………正林 護
中九州縄文後晩期の遺跡
　　　　　　………富田紘一
昆布貝塚表採の粗隆文土器
　　　　　　………高宮広衛
種子島の考古学的研究…橋口尚武
浜ン洲貝塚発掘のイルカとイノシシの頸椎の意義と計測学的研究
　　　　　　………北條暉幸
縦列状配置の甕棺墓地…速水信也
北部九州の環溝集落……武末純一
二上山ピンク石製石棺への疑問
　　　………高木恭二・渡辺一徳
日本出土冠帽とその背景
　　　　　　………宇野慎敏
古墳時代後期における集団の動向
　　　　　　………宮田浩之
高塚古墳の南限とその築造時期
　　　　　　………池畑耕一
統計上の土器…………山本信夫
立願寺瓦を出土する五遺跡の性格
　　　　　　………田辺哲夫
浄水寺跡出土瓦に関する二三の問題…………………佐藤伸二
熊本県八代市妙見中宮跡出土の瓦塔及び塔心礎等について
　　　　　　………江上敏勝
古代対馬の郡・郷について
　　　　　　………永留久恵
豊前・足立山発掘の古鏡
　　　　　　………小田富士雄
中世墓の背景…………中村修身
北部九州における近世古窯跡の研究…………………副島邦弘
肥前磁器碗の形態の変遷
　　　　　　………大橋康二
平戸オランダ商館築造の遺構について…………………萩原博文
墓域への道……………三島 格
亜「㫋侯」考…………甲元眞之

三角縁神獣鏡の源流……賀川光夫
東南アジアの早期銅鼓とその受容
　　　　　　………新田栄治
肥後の国学者 長瀬真幸
　　　　　　………河島又生

◆**日本における初期弥生文化の成立** 横山浩一先生退官記念事業会刊 1991年2月 Ｂ５判 613頁

近年の時代区分論議……武末純一
水稲農耕と突帯文土器
　　　　　　………藤尾慎一郎
北部九州弥生文化の成立
　　　　　　………小田富士雄
日本稲作受容期の大陸系磨製石器の展開………………下條信行
北部九州における初期水田
　　　　　　………山崎純男
稲作出現期の環濠集落…高倉洋彰
弥生文化成立期の木器…山口譲治
角のない鹿……………春成秀爾
いわゆる渡来説の再検討
　　　　　　………田中良之
博多遺跡群周辺における遺跡形成環境の変遷…磯 望・下山正一
　　　　　　　　大庭康時ほか
東北アジアの初期農耕文化
　　　　　　………甲元眞之

◆**上村貝塚発掘調査報告書** 岩手県文化振興事業団埋蔵文化財センター刊 1991年3月 Ｂ５判 424頁

遺跡は，岩手県宮古市の宮古湾を臨む丘陵上に立地する。調査された住居跡は，縄文時代11軒・弥生時代5軒・奈良時代9軒・平安時代7軒である。この他に縄文時代中期の住居跡の床面を掘り込んだ改葬墓が確認され，4体の人骨が検出されている。遺物は多数の土器・石器のほかヒスイ大珠の出土が注目される。貝塚出土の動物遺存体，黒曜石の産地分析，人骨の分析を載せる。

◆**三ツ寺Ⅱ遺跡** 群馬県教育委員会刊 1991年3月 Ｂ５判 1629頁

群馬郡群馬町の著名な古墳時代の豪族居館跡，三ツ寺Ⅰ遺跡の北側に続く部分の報告。住居跡376

軒のうち古墳時代は277軒と7割以上を占め，居館跡に関連する5世紀後半～6世紀前半が主体をなす。また奈良・平安時代には93軒の住居が検出されており，関連する第1号井戸からは2点の木簡と148点の墨書土器が検出されている。考察としてカマドと炊飯，地震跡を載せる。

◆**大塚遺跡** 横浜市埋蔵文化財センター刊 1991年3月 Ｂ５判 640頁

横浜市港北区に所在する著名な環濠集落。幅約4m，深さ約2mで囲続された広さは約22,000m²であり，中期宮ノ台期の住居跡85軒，掘立柱建物跡10軒など。隣接する歳勝土遺跡の方形周溝墓群が同時期であり，弥生時代の集落と墓地との関係を知るうえで貴重な遺跡である。住居構造，環濠，集落構成などの考察を載せる。

◆**瓦屋西古墳群** 浜松市教育委員会刊 1991年3月 Ａ４判 209頁

静岡県浜松市の三方原台地の東部に展開する大群集墳のうちの支群の調査報告。17基の古墳が調査されており，横穴式木室の前方後円墳が1基，木棺直葬の円墳が3基，横穴式木室の円墳が4基，横穴式石室の円墳が9基である。規模は約8～20mで10m前後のものが多い。副葬品としては，土師器，須恵器，鉄鏃大刀・刀子などの武具，勾玉・管玉などの装身具が出土している。

◆**権現山51号墳** 権現山51号墳刊行会刊 1991年3月 Ｂ５判 216頁

兵庫県南西部にある揖保郡御津町の揖保川流域の丘陵に位置する最古型式の前方後円墳である。規模は墳長42.7mで，内部構造は竪穴式石室である。副葬品は三角縁神獣鏡，貝製品，鏃・鉄剣などの武具，農具である。本古墳は箸墓古墳とほぼ同時期に位置づけられ，中国製三角縁神獣鏡と特殊器

台形埴輪・特殊壺形埴輪が共伴する古墳として注目される。

◆福田（神明前）貝塚　古代学研究所刊　1991年3月　B5判　278頁

茨城県福敷郡東村，霞ヶ浦南岸の阿波丘陵上に位置する学史に著名な貝塚の1971年の発掘調査の報告。貝層の遺存状況の良好な部分の調査であり，厚さ1.5mの貝層を掘り下げ，甕棺と炉址を検出している。縄文中期から後期にかけての土器と，土器片錘，有溝土錘，土偶などのほか骨製ヤスが多数出土している。動物遺体はイノシシが多くシカ，イヌも確認されている。植物遺体の検出は少なく，少量のクルミとスタジイが出ているにすぎない。

◆鴻臚館I　福岡市教育委員会刊　1991年3月　B5判　174頁

筑紫館・鴻臚館は福岡市の博多湾に向かって突出した福崎丘陵の先端部に位置する福岡城内に比定されている。検出された遺構は掘立柱遺構・瓦葺き礎石建物遺構・土壙などで，出土した遺物では中国産陶磁器・新羅陶器・イスラム陶器などの外国産陶磁器が目立ち，日本で出土した古代の外国産陶磁器の量をはるかに凌駕する。

◆北海道考古学　第27輯　北海道考古学会　1991年3月　B5判　135頁

北海道縄文期にみられる海獣犬歯製釣針について………川内　基
シュブノツナイ式土器に関する一考察………熊谷仁志
縄文・弥生・続縄文時期事例からの土器に対する信仰観について………土谷昭重
小樽手宮洞窟の陰刻壁画における製作手法について……大島秀俊
青竜刀形石器ノート…西脇対名夫
西野幌12遺跡の焼土について………木村哲郎

◆岩手考古学　第3号　岩手考古学会　1991年3月　B5判　71頁

「日高見国」の考古学…菊池啓治郎
蝦夷の地域性と特質……八木光則
奥六郡成立の史的前提…伊東博幸

◆研究紀要　8　群馬県埋蔵文化財調査事業団　1991年　B5判　201頁

群馬県における縄文時代前期の住居形態について………原　雅信
赤井戸式土器の祖型について………大木紳一郎
東国における前期古墳の出現過程………若林正人
土器型式変化の要因……坂口　一
牛伏砂岩使用古墳の研究（2）………右島和夫・津金澤吉茂・小林　徹・井上昌美・磯貝朗子
新田郡笠懸町山際窯跡採集遺物………木津博明・綿貫邦男
地方出土の古代木簡について………高島英之
延喜式内社上野国榛名神社遺跡をめぐって………川原嘉久治

◆群馬県史研究　第33号　群馬県史編纂委員会　1991年3月　A5判　78頁

截石切組積横穴式石室の基礎的研究………右島和夫・津金澤吉茂・羽場政彦

◆国立歴史民俗博物館研究報告　第31集　国立歴史民俗博物館　1991年3月　B5判　250頁

銅鐸絵画の原作と改作…春成秀爾
海南島における土器づくり………西谷　大
東国における中世在地系土器について………浅野晴樹

◆考古学資料館紀要　第7輯　國學院大學考古学資料館　1991年3月　B5判　61頁

武蔵台Xb文化層の系譜………砂田佳弘
縄文時代草創期における多縄文系土器の研究………粕谷　崇
浮線文系土器様式の細密条痕技法………小林青樹
縄文土器の類似性とコミュニケーションシステム……山本典幸
千葉県袖ヶ浦町文協遺跡出土の和鏡について………青木　豊・山本哲也

◆考古学研究室研究紀要　第9号　東京大学文学部考古学研究室　1990年12月　B5判　173頁

細石器（1）………藤本　強
鉱山臼からみた中・近世貴金属鉱業の技術系統………今村啓爾

窩紋土器研究序説（前編）………大塚達朗
Explorations in the northern Megraidl: the Kryphtis region…… Yoshiyuki Suto
縄文時代の北海道における海獣狩猟………新見倫子

◆法政考古学　第16集　法政考古学会　1991年3月　B5判　87頁

東北地方南部における縄文中期の様相………福嶋正史
北総地域における弥生時代後期の土器様相について……小倉淳一
縄文中期の遺跡分布の地域的分析………伊藤玄三

◆駿台史学　第82号　駿台史学会　1991年3月　A5判　238頁

戦国楚の木桶と鎮墓獣について………松崎つね子
弥生時代における祭祀の重層性とその系譜………黒沢　浩

◆古代　第91号　早稲田大学考古学会　1991年3月　A5判　210頁

「榎林式」から「最花式」へ………柳澤清一
安行式文化の終焉（2）………鈴木加津子
縄文時代のシカ・イノシシ狩猟………西本豊弘
古墳出現段階における伝統性の消失………比田井克仁

◆考古学雑誌　第76巻第3号　日本考古学会　1991年3月　B5判　100頁

東北地方北部の縄文前期群の編年学的研究II………武藤康弘
鋲留短甲の編年………滝澤　誠
珪藻分析によって得られた古製塩についての一考察……森　勇一
江田船山古墳出土須恵器の再検討………高橋　徹・小林明彦

◆大和市史研究　第17号　大和市市役所管理部庶務課編　1991年3月　A5判　97頁

相模野細石刃文化における石器装備の構造………堤　隆

◆新潟考古　第2号　新潟考古学会　1991年3月　B5判　89頁

巻町豊原遺跡VI群3類土器考………金子拓男

◆石川考古学研究会々誌　第34号　石川考古学研究会　1991年3月

Ｂ５判　97頁

石川県河北郡高松町野寺Ａ遺跡採集の縄文式土器について
　　　　　　　　　……津田耕吉
押水町紺屋町ホンデン遺跡出土土器の再検討……加藤三千雄
能登における弥生時代中期の一様相（１）……久田正弘
古代～近世漆器の変遷と塗装技術
　　　　　　　　　……四柳嘉章

◆古代文化　第43巻第１号　古代学協会　1991年１月　Ｂ５判　61頁
近畿地方における縄文晩期の墓制について……中村勝久

◆古代文化　第43巻第２号　古代学協会　1991年２月　Ｂ５判　64頁
『上ノ平尖頭器文化』再考（上）
　　　　　　　　　……栗島義明
釜山・金海地域の古墳出土土器の編年的研究（上）……朴廣春

◆古代文化　第43巻第３号　古代学協会　1991年２月　Ｂ５判　64頁
『上ノ平尖頭器文化』再考（下）
　　　　　　　　　……栗島義明
釜山・金海地域の古墳出土土器の編年的研究（下）……朴廣春

◆古代学研究　124　古代学研究会　1991年２月　Ｂ５判　48頁
見瀬丸山古墳の被葬者（上）
　　　　　　　　　……増田一裕
伊賀の円墳…………服部伊久男
甲斐の円墳…………橋本博文
朝鮮半島の円墳………門田誠一
中国大陸の円墳………菅谷文則
黄金塚黄金と女性の被葬者①
　　　　　　　　　……森　浩一

◆郵政考古紀要　ⅩⅥ　郵政考古学会　1991年１月　Ａ５判　68頁
勝坂式成立期の土器にみる器形と文様帯構成比の関係…小林謙一
近畿地方縄文早期遺跡の遺構について……吉田達夫
弥生国家…………水野正好
古代寺院における塔・金堂の東西配置………………森　郁夫

◆考古学研究紀要　2　辰馬考古資料館　1991年１月　Ｂ５判　128頁
「景初四年」銘鏡と三角縁神獣鏡
　　　　　　　　　……田中　琢
辰馬考古資料館蔵・景初四年銘龍虎鏡の保存科学的調査

　　……沢田正昭・肥塚隆保
景初四年龍虎鏡同位体比
　　……馬淵久夫・平尾良光
景初四年銘龍虎鏡及び吾作銘四神四獣鏡に付着する織物について
　　　　　　　　　……布目順郎
同笵銅鐸２例………難波洋三
伊丹廃寺相輪の復元……沢村　仁
開元通宝の銭文………東野治之

◆古代学評論　第２号　古代を考える会　1991年３月　Ｂ５判　184頁
吉備の古墳形成事情考（壱）
　　　　　　　　　……出宮徳尚
沿海州における考古学の諸問題
　　　　　　　　　……村上恭通
五胡十六国の考古学・下
　　　　　　　　　……穴沢咊光
畿内における古墳埋納鉄器の変遷
　　　　　　　　　……野上丈助
短甲・挂甲錆片の金属学的解析
　　　　　……日吉製鉄史研究会
　　佐々木稔・村田朋美・佐藤栄次
古代製鉄遺跡採取試料に関する調査
　…川崎製鉄株式会社鉄鋼研究所
鉄滓からみた古代製鉄…大澤正巳

◆関西近世考古学研究　Ⅰ　関西近世考古学研究会　1991年１月　Ｂ５判　237頁
織豊期の都市………脇田　潔
大阪城跡の豊臣前期と豊臣後期
　　　　　　　　　……鈴木秀典
近世都市京都の成立について
　　　　　　　　　……堀内明博
地割論…………………前川　要
中世後期における在地土器の展開
　　　　　　　　　……広瀬和雄
織豊期における国産陶器について
　　　　　　　　　……北野隆亮
16世紀末から17世紀前半における中国製染付碗・皿の分類と編年への予察………上田秀夫
織豊期の犬形土製品……嶋谷和彦
角先グワの成立……河野通明
堺・石津川流域の平安～近世の集落形成………………渋谷高秀
大津市南部地区における近世窯業の展開………………稲垣正宏
堺における近世の陶磁器と土器について……白神典之・増田達彦
和歌山県の近世遺跡の動向

　　　　　　　　　……河内一浩
上町遺跡の発掘調査……岡本圭司

◆考古学研究　第37巻第４号　考古学研究会　1991年３月　Ａ５判　140頁
前期古墳副葬鏃の成立と展開
　　　　　　　　　……松木武彦
西日本の黒色土器生産（下）
　　　　　　　　　……森　隆
遺物平面分布の統計的把握
　　　　　　　　　……桜井準也
縄文時代に階級社会は存在したのか………………小杉　康
弥生ムラ・古墳づくり・律令国家
　　　　　　　　　……河村好光

◆島根考古学会誌　第８集　島根考古学会　1991年３月　Ｂ５判　122頁
出雲における古墳時代前半期の土器の様相………松山智弘
江の川中流域における横穴式石室の様相…………吾郷和宏
鳥取県の旧石器研究……根鈴輝雄
島根県における旧石器時代研究の現状と課題………丹羽野裕

◆九州文化史研究所紀要　第36号　九州大学文学部九州文化史施設　1991年３月　Ａ５判　405頁
古墳における儀礼の研究
　　　　　　　　　……土生田純之
日本古代の土器に刻まれた初期の文字………………西谷　正
九州地域における中・近世の銭貨流通………………櫻木晋一
南西諸島における弥生初期文化
　　　　　　　　　……上村俊雄

◆古文化談叢　第24集　九州古文化研究会　1991年３月　Ｂ５判　207頁
須恵器文化の形成と日韓交渉・総説編………………小田富士雄
仿製鏡再考…………川西宏幸
吉備地方の堅穴式石室石材の原産地推定…………白石　純
日本における階級社会形成に関する学説史的検討序説…岩永省三
山口県弥生時代袋状土坑の諸問題
　　　　　　　　　……山本一朗
宇木汲田出土環頭銅舌考
　　　　　　　　　……小田富士雄
山城・王城・都城
　　……尹武炳　島津義昭　訳

◆日本古代文化圏の形成と伝播 伊達宗泰著 学生社刊（東京都足立区鹿浜3―27―14）1991年3月 Ａ5判 305頁 6,800円

「古代地域圏の形成」で歴史地理学の問題を，「文化圏の拡大」で埴輪研究など古墳文化に触れる。

◆日本横穴式石室の系譜 土生田純之著 学生社刊 1991年3月 Ａ5判 404頁 7,800円

研究法にはじまり，横穴式石室の受容と云播，展開と終焉について著者10年間の研究成果を開陳。

◆日本からみた古代韓国（古代の日本と韓国12） 伊藤清司・江坂輝彌・岡崎敬・坂詰秀一著 学生社刊 1990年10月 四六判 232頁 1,600円

縄文土器，青銅器文化，伽藍配置，説話の問題を日本と韓国の文化交流を中心に説く。

◆江戸の穴 古泉弘著 柏書房刊（東京都文京区本駒込1―13―14）1990年11月 四六判 237頁 1,600円

東京の地下に眠る穴蔵の遺構に近世考古学の視点から迫る。

◆古代集落の形成と発展過程 赤松啓介著 明石書店刊（東京都文京区本郷1―13―4）1990年12月 Ａ5判 368頁 6,840円

書名論文のほか学史に残る加古川流域古墳についての論文を収録。

◆甦る江戸 江戸遺跡研究会編 新人物往来社刊（東京都千代田区丸の内3―3―1） 1991年4月 四六判 289頁 2,200円

発掘された江戸の遺跡の分析と陶磁器など出土遺物の分析よりなる10編の論考。

◆古代三権と玉の謎 森浩一編 新人物往来社刊 1991年8月 四六判 222頁 2,000円

糸魚川市と青海町で3回にわたって行なわれたシンポジウムの最終記録。硬玉出土地一覧を付す。

◆おもしろ秋田むかし考 冨樫泰時著 無明舎出版刊（秋田市広面字川崎112―1）1990年9月 四六判 213頁 1,500円

縄文人たちの衣食住から金沢柵

発掘まで，秋田の古代史を平易な文章で解説。

◆邪馬台国の時代 都出比呂志・山本三郎編 木耳社刊（東京都千代田区内神田1―12―10） 1990年10月 四六判 190頁 2,000円

7名の基調報告と共同討議からなるシンポジウムの記録。

◆梵鐘の研究 坪井良平著 ビジネス教育出版社刊（東京都千代田区九段北4―1―14） 1991年7月 Ａ5判 508頁 9,000円

『考古学』『史迹と美術』ほか発表の梵鐘に関する49編に，「わが心の自叙伝」も合わせ収録。

◆弥生文化―日本文化の源流をさぐる 大阪府立弥生文化博物館編 平凡社刊（東京都千代田区三番町5番地） 1991年2月 Ｂ5判 253頁 3,300円

弥生文化博物館の展示解説書としてつくられたが，同時に弥生文化全般が理解できる。

◆縄文（グラフティ・日本謎事典①） 戸田哲也著 光文社刊（東京都文京区音羽2―12―13）1991年7月 文庫判 198頁 540円

縄文時代の研究の現状を写真を主として大観した眼でみる縄文文化。新しい資料も大いに扱われている縄文入門書として重宝。

◆先史古代の沖縄 高宮廣衛著 第一書房刊（東京都文京区本郷6―16―2） 1991年1月 Ａ5判 342頁 3,399円

"南島文化叢書"12として編まれたもので，旧石器時代より平安時代にかけての沖縄の歴史を考古学の方法で論じた著者の論文集。今後における沖縄考古学の研究にとって必携の一書。

◆サハリン発掘の旅 日ソ極東・北海道博物館交流協会編 みやま書房刊（札幌市中央区南八条西10丁目） 1990年12月 四六判 224頁 1,300円

シベリア・極東博物館学術会議に出席した野村崇氏などのサハリン紀行と現状の見聞録。Ｖ・Ｏ・シューピン「サハリン州の古代文化」（講演録）を収録。

◆平泉夢の跡再生 黒沼芳朗・村井康典共著 岩手日報社刊（盛岡市内丸3―7） 1991年4月 四六判 212頁 1,000円

平泉「柳之御所」の発見に関する岩手日報の報道をまとめたもの。藤島亥治郎・角田文衞らによる"藤原文化を語る"をも収め，平泉入門書として，また，保存運動の一事例としても注目される。

◆関東の考古学 後藤和民・関俊彦・舘野孝・橋口尚武・村井崋雄・森浩一・若松良一共著 学生社刊 四六判 326頁 2,300円

朝日カルチャーセンターの講座「古代日本をさぐる―関東に視座をすえて―」をまとめたもの。関東の考古学の研究状況を平易に語らしている有用な一書。

◆古代近畿と東西交流 石野博信著 学生社刊 1991年7月 四六判 284頁 1,950円

「古代近畿は，情報発信センター」と考える著者が，最近発表した小論を一書にまとめたもので，独自の視点を豊富に盛りこんだ書

◆鉄の古代史（弥生時代） 奥野正男著 白水社刊（東京都千代田区神田小川町3―24） 四六判 1991年6月 406頁 3,500円

弥生時代の鉄資料を集成して弥生時代の鉄について論じたもの。学史を踏まえての労作で，巻末の「資料」は考古学研究者に貴重。

◆考古学―その見方と解釈 上― 森浩一編 筑摩書房刊（東京都台東区蔵前2―6―4） 1991年6月 Ａ5判 314頁 2,900円

京都の朝日カルチャーセンターにおける講義をもとに演者が新しく書き改めたもので，さまざまな視点より考古学の研究の方向を考えた一書。近畿在住の研究者の考え方を知るうえでも注目の書。

◆陶磁（日本史小百科29） 佐々木達夫著 近藤出版社刊（東京都千代田区神田神保町2―22）1991年8月 四六判 328頁 2,595円

縄文土器～現代陶芸作品までの入門書。考古学的視点よりの陶磁器研究の現状も語られている。

考古学界ニュース

編集部編

───────沖縄・九州地方

12〜14世紀の水田跡　沖縄県宜野座村教育委員会が発掘調査を進めていた同村漢那の漢那ダム建設現場で12〜14世紀の水田跡44枚がほぼ完全な形で発見された。現場は漢那福地川沿いの谷間で，ユマビチャーとよばれている地区。グスク時代から終戦直後までの水田跡が4層にわたって発見された。第1層は戦後の水田跡，第2層は近世から戦前までの水田跡，第3層はグスク時代から近世にかけての層で，畦道や配水路を伴う9枚の水田跡が発見された。また最も古い第4層からは沖縄貝塚時代後期終末期からグスク時代にかけての短冊形をした25枚の水田がみつかった。水田規模は2層が約156m²，3層が約27m²，4層になると4〜7m²と時代が古くなるに従って小さくなる。

弥生〜平安期の住居跡　鹿児島県大島郡笠利町宇宿のマツノト遺跡で笠利町立歴史民俗資料館による発掘調査が行なわれ，弥生時代後期から平安時代にかけての住居跡や土器，鉄器，貝製品などがみつかった。現場は喜子川河口の新期の砂丘地帯で，遺物包含層は2つに分かれていた。出土したのは弥生時代後期の兼久式土器，鼎形土器，石皿，敲石，鉄製フイゴ，かりまた状鉄鏃，貝匙，貝札，貝錘，石錘などのほか，夜光貝約100点からなる貝溜り，イノシシらしい獣骨など。外来文化との交流など当時の南島文化の生活を知るうえで貴重な遺物となった。また遣唐使との関連も注目される。

経塚から瓦経約200枚　佐賀県佐賀郡大和町尼寺の築山古墳（前方後円墳）の頂上に位置する築山経塚から法華経や仏画などを陰刻した約850年前の瓦経200枚が発見された。大和町教育委員会が調査した結果，粘土で密閉した石囲いの埋納施設（1.3×1.1m，深さ30cm）を造り，中央に瓦経を2列に平積みしていた。また経塚内部には木炭を詰め，平石を積んで蓋がされていた。出土した瓦経は平均縦20cm，横16cmで，厚さは1cm前後。刻まれた経典は法華経，般若心経，阿弥陀経など5種類で仏画は合計5枚。片面に釈迦如来像，もう1面には不明の仏像が1体か2体描かれている。埋経の願主は「僧定照並びに清原氏」と「勧進僧定照・大檀主□□貞行」の2通りがあり，年号はいずれも天養元年（1144）。願主の1人は『河上神社文書』にもみえる「権介清原真人兼平」の妻か母親の可能性が強い。

───────中国地方

造山古墳の陪塚は前方後円墳？　造山古墳（岡山市新庄下）の6基の陪塚のひとつ4号墳の西側で，市道拡幅工事中に大量の埴輪片が出土した。岡山市教育委員会が緊急に対応したところ，前方部状の高まりとその縁辺を画する溝状遺構が検出できた。4号墳は，これまでは直径約30mの円墳とされてきたが，今回の調査で前方部状の張り出しが付設されていた可能性がでて来た。その場合，全長50mほどの規模に復元される。しかし，この付近は戦前に大規模な圃場整備が行なわれており旧状を止めてないうえ，限られた範囲の調査であるため4号墳の一部か否かも含め断定はできない。出土埴輪には，円筒，朝顔形，家形，短甲形埴輪などがある。そのうち円筒埴輪は大半が須恵質であり5世紀後半，すなわち造山古墳より若干新しく位置づけられる。

須弥壇を残す白鳳寺院跡　岡山県邑久郡長船町服部の服部廃寺で長船町教育委員会による発掘調査が行なわれ，金堂跡が確認されたほか，珍しい須弥壇も発見された。礎石11個の発見から金堂の規模は東西13.8m，南北10.8mと推定，建物の基礎部分は版築工法で築かれていた。また金堂の内陣には須弥壇跡（復元推定7.8×4.7m）も残っており，周辺から本尊と考えられる塑造仏の螺髪や創建当時の瓦などが出土した。出土品から同寺は7世紀後半の創建と推定され，白鳳寺院でこれほど保存状態のよいものは全国的にも少ない。また出土遺物では複弁蓮華文軒丸瓦とよばれる川原寺式系の瓦が注目される。

縄文晩期の鳥形土製品　島根県美濃郡匹見町教育委員会が発掘を行なっていた同町匹見のヨレ遺跡で縄文時代晩期の地層から鳥を象った土製品が出土した。この土製品は5.4×4.9cmで，磨研土器の破片を代用して鳥が羽を広げて飛ぶ姿につくられている。側面に赤色顔料の一部が残っていることから，もとは全体が赤く塗られていたらしい。同遺跡では住居跡やトチの実の貯蔵穴とともに集石遺構（直径0.6〜1m）数基と埋葬に使われた甕1基が検出されており，また土版や玉類などが出土していることから祭祀遺構とみられる。弥生時代の鳥の木製品や線刻土器は例が多いが，縄文時代に鳥霊信仰を裏付ける遺物がみつかったのはきわめて貴重。

白鳳期の彩色寺院壁画　鳥取県西伯郡淀江町福岡の上淀廃寺（7世紀末）で淀江町教育委員会による発掘調査が行なわれ，神将や菩薩が描かれた彩色壁画が発見された。金堂北辺基壇外側の瓦溜の中から約1m²に相当する約400点の壁体断片（1.5〜15.5cm）が発見されたもので，このうち半数に彩色が確認された。このため同町教育委員会では遺物検討委員会（水

発掘調査

野正好委員長)を発足させ，詳しい調査を行なった。その結果，壁体はクラスサ混じりの粗壁に上塗りし，薄く白土を塗った３層構造で，白土の上地に図が描かれていた。菩薩は面長の顔の輪郭と宝冠が残るだけで，目鼻などは剝落していた。三尊像のうち右側の脇侍らしい。また甲をつけた神将の半身像はふっくらした顔に大きな鼻など細かな描写がはっきりわかる。そのほか赤と緑色で彩色した飛天の天衣や遠山と霞，樹木の絵もあった。この結果，如来の両脇に菩薩，その周囲に神将や僧らを配し，上方に飛天が舞うという金堂外陣内壁の説法図とみられている。全体は縦 90cm，横 70cm 程度と推定されるが，法隆寺金堂の壁画と並ぶ日本最古の仏教壁画とされた。なおその後，塑像片が同じ瓦溜から多数発見されたが，螺髪片５点もみつかったことから，本尊は丈六座像クラスの大仏だったと推定される。

──────近畿地方

最古級の横穴式石室 柏原市高井田の高井田山古墳（円墳，直径22m）で柏原市教育委員会による発掘調査が行なわれ，横穴式石室の中から火熨斗や画像鏡など大量の副葬品がみつかった。南向きの石室は玄室（長さ 3.7m，右片袖式）と蓋道（長さ 2.2m）からなり，長さ 2.2m の墓道がつながっていた。平らな自然石や割石を積み上げてドーム状に組んでいるが，上半分から天井部にかけては崩落していた。遺体や木棺は残っていなかったが棺釘の残り具合や玄室の広さからみて頭を北にして東，西に２体並んで埋葬されていたらしい。副葬品は棺の位置に青銅製の火熨斗（全長 47cm），径20.5cm の画像鏡各１点，純金製耳飾３点，ガラス玉約200点，鉄

刀２振。とくに火熨斗の古墳からの出土は日本では新沢千塚古墳群に次ぐもの。奥壁の壁際からは甲冑一式と多量の鉄鏃も発見された。出土した須恵器から５世紀末の古い横穴式石室とみられるが，石室の形状は百済の可楽洞，芳夷洞両古墳群に酷似しており，九州を経由せずに直接朝鮮半島から畿内へ伝わった可能性が大きい。

本格的な瓦工房跡 吹田市岸部北の吉志部（きしべ）瓦窯跡で吹田市教育委員会による発掘調査が行なわれ，柱跡が確認されたことなどから同窯に本格的な工房が付属していることがわかった。柱跡は直径約 50cm のものなど計14基で，作業小屋とみられる竪穴式建物の柱跡もみつかった。さらに瓦を作るときに使うロクロを立てた穴（ロクロピット）４基や水を溜める土壙，粘土を溜める土壙なども出土した。ロクロピットのうち１基は周囲に３個の掘立柱跡があり，覆屋がかかっていたらしい。同窯跡は昭和43年の調査で平窯，登窯計15基が確認され，その後昭和62年の調査でもロクロピット３基が検出され，また大規模な粘土採掘壙も確認されていることから粘土採掘から焼きまで一貫した本格的な瓦工房だったことがわかった。今回の調査で遺跡は少なくとも南北約 160m，東西約 230m にわたると推定されており，吉志部窯は京都・洛北の諸瓦窯跡ができるまで平安京の瓦を生産していたらしい。

石光寺から白鳳期の石仏 奈良県北葛城郡当麻町染野の石光寺で弥勒堂の建て替えに伴い，奈良県立橿原考古学研究所が発掘調査を行なったところ，南北５間，東西４間の金堂風の白鳳時代の礎石建物跡がみつかり，この建物の北東隅のすぐ外側から凝灰岩製の石仏ほぼ１体分がそっくり出土した。

首・手・胴など６個の部分を組み合わせた例のない構造で，座高は約 1.6m，重さ約 800kg と推定される。目や耳などの様式から７世紀末の弥勒仏と推定，また朝鮮半島の影響も感じられた。奈良時代以前で丸彫りの石仏が確認されたのは初めてで，渡来人系の石工による製作と考えられる。また「当麻曼荼羅縁起」などに記された弥勒仏の伝承を裏づけることになり，同寺の創建にかかわる縁起や弥勒信仰についての重要な資料となった。

雪野山古墳は前方後円墳 三角縁神獣鏡が出土した４世紀中葉の雪野山古墳（滋賀県八日市市上羽田町）で雪野山古墳調査団（都出比呂志団長）による第三次調査が行なわれ，全長 70m，後円部径40m，葺石を持つ二段築成の前方後円墳であることがわかった。また竪穴式石室内の棺外北側から直径，高さとも 10cm ほどに復元できる漆塗の木製合子がみつかった。表面には複合鋸歯文や櫛歯文の彫刻が施されていた。さらにこれと重なるようにして幅 3cm ほどの漆塗竪櫛が16本出土した。棺外からはこのほかに靫の背負い板と考えられる直弧文を刻んだ漆塗製品（長さ 130cm，幅 50cm），靫の筒部，矢柄なども検出された。

弥生遺跡から五銖銭 長浜市教育委員会が発掘調査していた市内大戌亥町の鴨田遺跡で，前漢時代末ごろ（１世紀初頭）の鋳造と推定される「五銖銭」が発見された。同遺跡は昭和46年から調査が続けられており，これまで弥生時代中期〜後期の自然流路や同時期の方形周溝墓，弥生時代後期〜古墳時代前期の竪穴住居跡などがみつかっている。今回遺跡の北西端約 400m² を対象に調査が行なわれた結果，自然流路から弥生時代

考古学界ニュース

後期の土器とともに銅銭1枚が出土，穿上横文の五銖銭であることがわかった。直径約2.5cm，重さ2.74gで，穴の上方に1本の突出した横文があるのが特徴。五銖銭は隋代まで鋳造されたが，弥生時代に伴う例としては全国3例目。

人名を表わす須恵器 滋賀県野洲郡野洲町小篠原の桜生（さくらばさま）古墳群で滋賀県教育委員会による発掘調査が行なわれ，人名を表わすとみられる7文字が刻まれた須恵器が出土した。出土した7号墳は横穴式石室（長さ約9m）をもつ直径約14m，高さ約5mの円墳で，土器の形式からみて580年～630年代の造営とみられる。土器は口径約15cmの短頸壺で，腹の部分に「此者□□首□□」と7文字がヘラ描きされていた。上の2文字は氏，下の2文字は名と推定され，被葬者にかかわる豪族の人名の可能性が高い。

────────中部地方

井戸枠に使った丸木舟 小松市蛭川町の松梨遺跡で行なわれた小松市教育委員会の発掘調査で，井戸枠として再利用された古墳時代の丸木舟が発見された。遺跡は弥生時代から室町時代にかけての複合集落遺跡で，今回の調査では，奈良時代後半から平安時代初頭の溝（1号溝）1本，平安時代中頃の大溝1本，4間×6間の掘立柱式建物跡1棟，井戸5基が検出され，さらに1号溝からは墨書土器十数点と漆器1点，大溝からは木製椀・皿各1点，井戸からは祭祀用の斎串1点が出土した。丸木舟は，遺跡の西南に位置する古墳時代後半の5号井戸の井戸枠として発見されたもので，長軸1.9m，短軸1.4m，深さ35cmの楕円形の土坑の南西隅に，丸木舟の船首と船尾を抱き合わせて円錐状の枠としたものが，土中65cmの深さ

まで打ち込まれて出土した。丸木舟の船首は，長さ95cm，幅60cm，深さ25cm，船尾は長さ97cm，幅55cm，深さ24cmで，いずれも材質は杉と鑑定された。

────────関東地方

縄文中期の袋状土坑400基 昨年10月から栃木県那須郡南那須町教育委員会によって曲畑（そりはた）遺跡の発掘調査が行なわれ，縄文時代中期の住居跡や土坑などが多数確認された。とくに土坑は袋状土坑が多く，約400基が確認され，土坑内からは完形土器や石製品（玉類），土偶などが発見された。また北側縁辺部では土器捨て場も確認され，多数の土器や土製品を発見している。これらの時期は中期の大木7b式～大木8b式，阿玉台Ⅰb式～Ⅳ式にかけてのものであり，大規模な集落跡と考えられる。

横穴式石室から人骨 宇都宮市教育委員会が発掘調査を行なっている市内長岡町の谷口山古墳で保存状態のよい人骨3体分が発見された。谷口山古墳は6世紀後半に築造された直径20mの円墳。全長6.9m，幅1.7mの片袖型横穴式石室を伴っている。人骨は玄室の奥に1体と手前に片付けられた状態で2体分が出土した。また，石室及び墓道の床面の状態からも追葬の様子を窺うことができる。人骨のほかに直刀3振，鉄鏃2点，耳飾1対，ガラス小玉20数個の副葬品も出土したが，付近の古墳がほとんど盗掘されている中で未開口の古墳は珍しい。

────────東北地方

20数万年以前の高森遺跡 昭和63年に石器文化談話会が発掘調査を行ない，旧石器30余点が発見された宮城県栗原郡築館町の高森遺跡で，付近の座散乱木，馬場壇，

中峰遺跡との地層比較調査を行なったところ，古川市馬場壇A遺跡よりさらに古い20数万年以上前の遺跡であることがわかった。さらに中峰遺跡との層序関係は不明だが，石器の比較などから高森遺跡の方が古く，原人の時代に当たる国内でも最古の遺跡であることが有力になった。また最近，東北歴史資料館が高森遺跡を発掘した結果，新たに旧石器7点がみつかった。石材は玉髄，碧玉，凝灰岩の3種類あり，大型と小型の石器が混在している。

瑞巌寺境内から中世寺院遺構 宮城県宮城郡松島町の瑞巌寺宝物館裏庭で，鎌倉時代のものとみられる寺院の遺構と大量の瓦，木製品がみつかった。遺構は貯水槽改修工事の現場から出土し，凝灰岩を乱石積みした基礎と切石の排水溝から成っていた。軒瓦，平瓦など1,000点もの瓦片が出土したほか，地表下4mほどの湿地からはハシ，サジ，人形，木簡，木製小刀など大量の木製品もみつかった。ハシだけでも1,000点を越え，宗教用具だったとみられる。近世になって伊達政宗が再興した今の瑞巌寺は中世には円福寺と称しており，鎌倉幕府ゆかりの寺であったが，今回の遺構・遺物はこの円福寺に関連したものである可能性が強い。その後，宝物館西側で追加調査が実施され，凝灰岩切の基壇と雨落ち溝をもつ遺構，さらに井戸跡が発見された。井戸跡は木組みの遺構が残っていたほか，軒平・丸瓦や木製品の出土もあった。さらに瑞巌寺造営時に，排水溝の土溜めとして板碑が14～15本利用されていることもわかった。

縄文中期の住居跡12軒 宮城県刈田郡蔵王町円田字湯坂山に所在する湯坂山B遺跡で蔵王町教育委員会によって発掘調査が実施され，縄文時代中期後葉の竪穴住居

跡12軒が発見された。調査地は標高約 170m の丘陵上で住居跡のほか埋設土器遺構3基・落とし穴の土坑2基・貯蔵穴とおもわれるフラスコ状土坑10基と縄文土器や石器が多数出土した。住居跡の内には複式炉と呼ばれている炉がつくられており、直径約 6m前後の円形であるが、その中の1軒は径約 9m と規模が大きく保存状態も良好で貴重な資料である。大半の住居跡は重複しており、この住居が廃絶された後規模の小さい住居が一部床面を利用してつくられている。調査地は狭いが遺跡範囲は広く大規模な集落が形成されたものと思われる。出土遺物の中には珍しい釣鐘状をした土笛や土偶などがある。

平安期の烏帽子 平泉館とみられる岩手県西磐井郡平泉町の柳之御所跡から平安時代末期にあたる12世紀第3四半期の烏帽子がほぼ完形のまま発見された。現場は平泉町教育委員会が担当する柳之御所跡北側部分で、源義経が住んでいたと伝えられる高館に近い井戸（深さ 2m）の中からみつかった。表面が黒漆で塗られた絹製で、土圧でつぶれてはいるものの頭に乗せるへりの部分は 径約 54cm、最も高い部分までの長さ約 40cmで、後頭部付近には頭に固定する紐2本も残っていた。さらに詳しい鑑定が必要だが、五位以上の人物しかかぶれない立烏帽子とすると、持ち主は極めて限られてくる。

─────────── 北海道地方

オホーツク時代の人骨 常呂郡常呂町教育委員会が同町栄浦で調査を進めている栄浦第二遺跡で700～800年ほど前のオホーツク文化時代に埋葬された人骨が発見された。同遺跡では先に続縄文時代の人骨が発見されているが、貝塚以外から人骨が出土したのは珍しい。人骨は西頭位の屈葬状態で、頭部にはススが付着した土器がかぶされており、胸部付近には 10cmほどの鉄製小刀も副葬されていた。さらにこの現場から数m離れた場所からはクジラやクマの骨を主体とした骨塚のある竪穴住居跡もみつかった。

─────────── 研究会ほか

第8回東海埋蔵文化財研究会
東海埋蔵文化財研究会（連絡先：浜松市東伊場 2—22—1 伊場遺跡資料館 鈴木方）は11月9日と10日の両日、クリエート浜松2Fホール（浜松市早馬町2—1）においてシンポジウム「東海系土器の移動から見た東日本の後期弥生土器」を開催する。東海系の後期弥生土器が東日本にどの程度移動したかを知ることにより土器移動の意味をつかもうというもの。

＜講 演＞
　加納俊介：東日本における後期弥生土器研究の現状と課題
　石野博信：土器の移動が意味するもの
　森岡秀人：土器移動の諸類型とその意味
＜東海地域の後期弥生土器編年＞
　宮腰健司：濃尾平野
　久野正博：三河・西遠江
　中嶋郁夫：東遠江・駿河
＜土器移動から見た東海と畿内＞
　藤田三郎：大和
　小竹森直子：近江
　伊藤裕偉：伊賀・伊勢
＜東日本各地域の土器編年と東海系土器＞
　栃木英道：加賀（北陸）
　山下誠一：伊那谷
　立花 実：相模
　車崎正彦：東京湾西岸
　大村 直：千葉市原周辺
＜討論・編年と土器移動＞
　司会：向坂鋼二・加納俊介

発掘調査・研究会ほか

北奥古代文化研究会第21回大会
10月26日、27日の両日、岩手県宮古市の浄土ヶ浜パークホテルを会場に開かれる。
＜講 演＞
　高橋憲太郎：宮古周辺の遺跡
　西本豊弘：三陸沿岸の貝塚
　工藤雅樹：三陸沿岸の古代文化
第2日目は崎山貝塚、大槌城、釜石市立鉄の歴史館などを巡る見学会が行なわれる。

特別展「大インド展─ヒンドゥー世界の神と人」 8月1日から11月5日まで、大阪・千里万博公園内の国立民族学博物館で開かれている。1階ではプリーの町を巡行する山車と、ヴィシュヌ神をはじめ数多くのヒンドゥーの神がみが展示され、2階展示場ではインドの人びとが暮らしの中で用いている生活用具が紹介される。期間中には研究公演やゼミナール、映画会、古典舞踊と民俗芸能なども上演される。

特別展「京都府のはにわ」 10月22日より11月24日まで、京都府立山城郷土資料館（京都府相楽郡山城町大字上狛小字千両岩）において開催されている。京都府内で出土した埴輪を一堂に集めるもので、はにわの変遷、家形はにわと有力者の館、豪族の威儀、武人の象徴、人物はにわの世界、はにわの動物、木のはにわ、はにわの絵画、ひとを葬るはにわ、などのテーマに分けて、さまざまなはにわの世界が展示される。

鹿児島展 10月9日から11月24日まで岐阜県博物館（関市小尾名）で、鹿児島の風土と歴史を紹介する記念展が開かれている。考古コーナーでは、上場遺跡、草野貝塚、広田遺跡、成川遺跡の出土品をはじめ、300点余の考古資料が展示され、隼人文化の基層の一端が明らかにされている。

■第38号予告■

特集　アジアのなかの縄文文化

1992年1月25日発売
総112頁　2,000円

縄文文化とアジア世界
　　　　　　……西谷　正・木村幾多郎
アジアの先史文化
　東北アジアの先史文化…………大貫静夫
　東シナ海沿岸の先史文化………西谷　大
　中国東北の新石器文化……………李陳奇
　朝鮮半島新石器時代の地域性………韓永煕
　アジアのなかの沖縄先史文化……金武正紀
縄文文化と大陸文化
　北海道と沿海州・サハリン………野村　崇
　北海道の石刃鏃文化とシベリア文化
　　　　　　……………………木村英明

対馬海流に乗ってきた大陸系文物
　……………………………中山清隆
日韓の文物交流……………島津義昭
縄文土器と大陸の土器
　東シベリアの土器……………戸田哲也
　縄文草創期と九州……………大塚達朗
　朝鮮半島の有文土器……………広瀬雄一
　曾畑式土器の成立……………水ノ江和同
韓国新石器研究の新成果
　朝鮮半島の植物遺存体……………李東注
　朝鮮半島の動物遺存体……………金子浩昌
　韓国島嶼地域の遺跡……………鄭澄元

編集室より

◆9月26日の東京新聞であったか，コメの値段が日本の場合，イランの150倍もするので，在日イラン人は母国からコメやその他の穀類を送って貰って生活する風潮が強く，そのため日本の検疫官は毎日大忙しであるという記事があった。これでは日本のコメ市場が外国から狙われても仕方があるまい。

　本誌によると，日本のコメ作りの技術は，すでに弥生時代のはじめから相当高レベルにあって，コメにかかわる祭祀や習俗もこの時代に基礎ができたように読みとれる。工業化社会と農耕社会の対立とひずみが現

われているように思えてならない。　　　　　（芳賀）

◆黄金の穂波を写真に撮ろうと近くの田んぼへ出掛けたが，すでに大部分は稲刈りが終わってしまい，残った稲も前日の台風で倒れたままという状態で，穂波のきれいな写真はついにあきらめざるをえなかった。かくして目次の上に掲げたような雑然とした稲の写真になってしまったのである。現代日本のコメの問題はかなり深刻だが，稲作というとまず弥生時代を連想する。北部九州へ伝わった稲が，当時の状況では考えられないほど早いうちに本州の北端にまで達したという事実はもっと注目すべきであろう。　　　　　（宮島）

■本号の編集協力者■
本号の編集協力者─工楽善通（奈良国立文化財研究所技官）1939年兵庫県生まれ。明治大学大学院修士課程修了。『弥生土器』（日本の原始美術3）『弥生人の造形』（古代史復元5）「水田遺構発掘の経過と現状」（地理28─10）「古代の水田跡とムラ」（稲のアジア史3）「水田と畑」（弥生文化の研究2）などの編著・論文がある。

■本号の表紙■
弥生農村の風景

　今早春に開館した大阪府立弥生文化博物館には，創意工夫をこらしたいくつかの模型が展示されている。そのなかのひとつにこの農村風景の模型があって，見学する人々が足を止め見入っている。同大のものが二つ並んでいて片方は春の情景（左上）で，貫頭衣を着た人々が一部で田ごしらえ中であり，また一部では早苗をとり田植をしている作業が表現されている。他方は秋の情景で，黄金色の穂波に入って石庖丁で実った穂を選んで穂摘みする人々，そしてその穂を木臼に入れ，竪杵で籾こきをして籾をはずし，さらに脱殻する女たちの姿が表現されている。水田は微高地のまわりの緩やかな斜面に造られており，人々の背丈にくらべてさほど大きくない小さな区画が並んでいる。最近のように機械化された農作業風景を見慣れてくると，このような光景はのちになってもっとなつかしいものになるだろう。
（写真は大阪府立弥生文化博物館提供）　（工楽善通）

▶本誌直接購読のご案内◀

『季刊考古学』は一般書店の店頭で販売しております。なるべくお近くの書店で予約購読なさることをおすすめしますが，とくに手に入りにくいときには当社へ直接お申し込み下さい。その場合，1年分の代金（4冊，送料は当社負担）を郵便振替（東京3-1685）または現金書留にて，住所，氏名および『季刊考古学』第何号より第何号までと明記の上当社営業部まで送金下さい。

季刊 考古学　第37号　　1991年11月1日発行
ARCHAEOLOGY QUARTERLY
　　　　　　　　　　　定価 2,000円
　　　　　　　　　　　（本体 1,942円）

編集人　芳賀章内
発行人　長坂一雄
印刷所　新日本印刷株式会社
発行所　雄山閣出版株式会社
　〒102 東京都千代田区富士見2-6-9
　電話 03-3262-3231　振替 東京3-1685
◆本誌記事の無断転載は固くおことわりします
　ISBN4-639-01057-5　printed in Japan

季刊 考古学　オンデマンド版　第 37 号　1991 年 11 月 1 日　初版発行
ARCHAEOROGY　QUARTERLY　2018 年 6 月 10 日　オンデマンド版発行

定価（本体 2,400 円＋税）

編集人	芳賀章内
発行人	宮田哲男
印刷所	石川特殊特急製本株式会社
発行所	株式会社　雄山閣　http://www.yuzankaku.co.jp
	〒 102-0071　東京都千代田区富士見 2-6-9
	電話 03-3262-3231　FAX 03-3262-6938　振替　00130-5-1685

◆本誌記事の無断転載は固くおことわりします　ISBN 978-4-639-13037-6　Printed in Japan

初期バックナンバー、待望の復刻 !!
季刊 考古学 OD　創刊号～第 50 号〈第一期〉
全 50 冊セット定価（本体 120,000 円＋税）　セット ISBN：978-4-639-10532-9
各巻分売可　各巻定価（本体 2,400 円＋税）

号　数	刊行年	特集名	編　者	ISBN（978-4-639-）
創刊号	1982 年 10 月	縄文人は何を食べたか	渡辺 誠	13001-7
第 2 号	1983 年 1 月	神々と仏を考古学する	坂詰 秀一	13002-4
第 3 号	1983 年 4 月	古墳の謎を解剖する	大塚 初重	13003-1
第 4 号	1983 年 7 月	日本旧石器人の生活と技術	加藤 晋平	13004-8
第 5 号	1983 年 10 月	装身の考古学	町田 章・春成秀爾	13005-5
第 6 号	1984 年 1 月	邪馬台国を考古学する	西谷 正	13006-2
第 7 号	1984 年 4 月	縄文人のムラとくらし	林 謙作	13007-9
第 8 号	1984 年 7 月	古代日本の鉄を科学する	佐々木 稔	13008-6
第 9 号	1984 年 10 月	墳墓の形態とその思想	坂詰 秀一	13009-3
第 10 号	1985 年 1 月	古墳の編年を総括する	石野 博信	13010-9
第 11 号	1985 年 4 月	動物の骨が語る世界	金子 浩昌	13011-6
第 12 号	1985 年 7 月	縄文時代のものと文化の交流	戸沢 充則	13012-3
第 13 号	1985 年 10 月	江戸時代を掘る	加藤 晋平・古泉 弘	13013-0
第 14 号	1986 年 1 月	弥生人は何を食べたか	甲元 真之	13014-7
第 15 号	1986 年 4 月	日本海をめぐる環境と考古学	安田 喜憲	13015-4
第 16 号	1986 年 7 月	古墳時代の社会と変革	岩崎 卓也	13016-1
第 17 号	1986 年 10 月	縄文土器の編年	小林 達雄	13017-8
第 18 号	1987 年 1 月	考古学と出土文字	坂詰 秀一	13018-5
第 19 号	1987 年 4 月	弥生土器は語る	工楽 善通	13019-2
第 20 号	1987 年 7 月	埴輪をめぐる古墳社会	水野 正好	13020-8
第 21 号	1987 年 10 月	縄文文化の地域性	林 謙作	13021-5
第 22 号	1988 年 1 月	古代の都城—飛鳥から平安京まで	町田 章	13022-2
第 23 号	1988 年 4 月	縄文と弥生を比較する	乙益 重隆	13023-9
第 24 号	1988 年 7 月	土器からよむ古墳社会	中村 浩・望月幹夫	13024-6
第 25 号	1988 年 10 月	縄文・弥生の漁撈文化	渡辺 誠	13025-3
第 26 号	1989 年 1 月	戦国考古学のイメージ	坂詰 秀一	13026-0
第 27 号	1989 年 4 月	青銅器と弥生社会	西谷 正	13027-7
第 28 号	1989 年 7 月	古墳には何が副葬されたか	泉森 皎	13028-4
第 29 号	1989 年 10 月	旧石器時代の東アジアと日本	加藤 晋平	13029-1
第 30 号	1990 年 1 月	縄文土偶の世界	小林 達雄	13030-7
第 31 号	1990 年 4 月	環濠集落とクニのおこり	原口 正三	13031-4
第 32 号	1990 年 7 月	古代の住居—縄文から古墳へ	宮本 長二郎・工楽 善通	13032-1
第 33 号	1990 年 10 月	古墳時代の日本と中国・朝鮮	岩崎 卓也・中山 清隆	13033-8
第 34 号	1991 年 1 月	古代仏教の考古学	坂詰 秀一・森 郁夫	13034-5
第 35 号	1991 年 4 月	石器と人類の歴史	戸沢 充則	13035-2
第 36 号	1991 年 7 月	古代の豪族居館	小笠原 好彦・阿部 義平	13036-9
第 37 号	1991 年 10 月	稲作農耕と弥生文化	工楽 善通	13037-6
第 38 号	1992 年 1 月	アジアのなかの縄文文化	西谷 正・木村 幾多郎	13038-3
第 39 号	1992 年 4 月	中世を考古学する	坂詰 秀一	13039-0
第 40 号	1992 年 7 月	古墳の形の謎を解く	石野 博信	13040-6
第 41 号	1992 年 10 月	貝塚が語る縄文文化	岡村 道雄	13041-3
第 42 号	1993 年 1 月	須恵器の編年とその時代	中村 浩	13042-0
第 43 号	1993 年 4 月	鏡の語る古代史	高倉 洋彰・車崎 正彦	13043-7
第 44 号	1993 年 7 月	縄文時代の家と集落	小林 達雄	13044-4
第 45 号	1993 年 10 月	横穴式石室の世界	河上 邦彦	13045-1
第 46 号	1994 年 1 月	古代の道と考古学	木下 良・坂詰 秀一	13046-8
第 47 号	1994 年 4 月	先史時代の木工文化	工楽 善通・黒崎 直	13047-5
第 48 号	1994 年 7 月	縄文社会と土器	小林 達雄	13048-2
第 49 号	1994 年 10 月	平安京跡発掘	江谷 寛・坂詰 秀一	13049-9
第 50 号	1995 年 1 月	縄文時代の新展開	渡辺 誠	13050-5

※「季刊 考古学 OD」は初版を底本とし、広告頁のみを除いてその他は原本そのままに復刻しております。初版との内容の差違は
　ございません。

「季刊 考古学　OD」は全国の一般書店にて販売しております。なるべくお近くの書店でご注文なさることをおすすめしますが、とくに手に入り
にくいときには当社へ直接お申込みください。